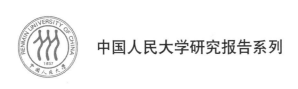 中国人民大学研究报告系列

中国各地区财政发展指数报告

2021

CHINA'S REGIONAL FISCAL
DEVELOPMENT INDEX REPORT

主　编　马光荣　吕冰洋

中国人民大学出版社
· 北京 ·

总 序

陈雨露

　　当前中国的各类研究报告层出不穷，种类繁多，写法各异，成百舸争流、各领风骚之势。中国人民大学经过精心组织、整合设计，隆重推出由人大学者协同编撰的"研究报告系列"。这一系列主要是应用对策型研究报告，集中推出的本意在于，直面重大社会现实问题，开展动态分析和评估预测，建言献策于咨政与学术。

　　"学术领先，内容原创，关注时事，咨政助企"是中国人民大学"研究报告系列"的基本定位与功能。研究报告是一种科研成果载体，它承载了人大学者立足创新，致力于建设学术高地和咨询智库的学术责任和社会关怀；研究报告是一种研究模式，它以相关领域指标和统计数据为基础，评估现状，预测未来，推动人文社会科学研究成果的转化应用；研究报告还是一种学术品牌，它持续聚焦经济社会发展中的热点、焦点和重大战略问题，以扎实有力的研究成果服务于党和政府以及企业的计划、决策，服务于专门领域的研究，并以其专题性、周期性和翔实性赢得读者的识别与关注。

　　中国人民大学推出"研究报告系列"，有自己的学术积淀和学术思考。我校素以人文社会科学见长，注重学术研究咨政育人、服务社会的作用，曾陆续推出若干有影响力的研究报告。譬如自 2002 年始，我们组织跨学科课题组研究编写的《中国经济发展研究报告》《中国社会发展研究报告》《中国人文社会科学发展研究报告》，紧密联系和真实反映我国经济、社会和人文社会科学发展领域的重大现实问题，十年不辍，近年又推出《中国法律发展报告》等，与前三种合称为"四大报告"。此外还有一些散在的不同学科的专题研究报告，也连续多年在学界和社会上形成了一定的影响。这些研究报告都是观察分析、评估预测政治经济、社会文化等领域重大问题的专题研究，其中既有客观数据和事例，又有深度分析和战略预测，兼具实证性、前瞻性和学术性。我们把这些研究报告整合起来，与人民大学出版资源相结合，再做新的策划、征集、遴选，形成了这个"研究报告系列"，以期放大规模效应，扩展社会服务功能。这个系列是开放的，未来会依情势有所增减，使其动态成长。

中国人民大学推出"研究报告系列"，还具有关注学科建设、强化育人功能、推进协同创新等多重意义。作为连续性出版物，研究报告可以成为本学科学者展示、交流学术成果的平台。编写一部好的研究报告，通常需要集结力量，精诚携手，合作者随报告之连续而成为稳定团队，亦可增益学科实力。研究报告立足于丰厚素材，常常动员学生参与，可使他们在系统研究中得到学术训练，增长才干。此外，面向社会实践的研究报告必然要与政府、企业保持密切联系，关注社会的状况与需要，从而带动高校与行业企业、政府、学界以及国外科研机构之间的深度合作，收"协同创新"之效。

为适应信息化、数字化、网络化的发展趋势，中国人民大学的"研究报告系列"在出版纸质版本的同时将开发相应的文献数据库，形成丰富的数字资源，借助知识管理工具实现信息关联和知识挖掘，方便网络查询和跨专题检索，为广大读者提供方便适用的增值服务。

中国人民大学的"研究报告系列"是我们在整合科研力量，促进成果转化方面的新探索，我们将紧扣时代脉搏，敏锐捕捉经济社会发展的重点、热点、焦点问题，力争使每一种研究报告和整个系列都成为精品，都适应读者需要，从而铸造高质量的学术品牌、形成核心学术价值，更好地担当学术服务社会的职责。

目 录 ▶

第一章　研究背景与意义

1.1　研究背景

党的十八届三中全会提出了"财政是国家治理的基础和重要支柱"的重大论断。从"推进国家治理体系和治理能力现代化"的战略高度看，财政已经不仅仅是一个经济范畴，而是深入到政治、文化、社会、生态文明等各个领域。在中国特色社会主义新时代，加快建立现代财政制度、推进财政发展，是立足新发展阶段、贯彻新发展理念、构建新发展格局的重要物质基础和制度保障，是"优化资源配置、维护市场统一、促进社会公平、实现国家长治久安"的重要制度保障。

中国是一个面积和人口双重意义上的大国，为了更有效地发挥"中央和地方两个积极性"，中央在财政工作集中统一领导下，将相当多事权、支出责任和财力赋予了地方政府。2020 年，我国全口径财政支出中地方支出占比达到 91%，全口径财政收入中地方本级收入占比达到 75%[①]。因此，地方财政发展在经济社会发展当中起到了关键作用，攸关"中央和地方两个积极性"的充分发挥，是国家治理基础中的基础。

与此同时，由于我国各地区发展水平的差异，地方财政的运行呈现巨大的地区间差异，各地区在人均财力、财政收入结构、财政支出结构、地方债务率、社保负担、财政资金管理水平、基本公共服务均等化等诸多方面存在差异，这些差异关系到各地区政府财政职能的有效发挥。而通过反映这些差异，也可以为"加快建立现

---

① 即使仅计算公共财政预算口径，2020 年我国地方支出占比也达到 85.7%，地方本级收入占比达到 54.8%。

代财政制度，建立权责清晰、财力协调、区域均衡的中央和地方财政关系"找到主要着力点。

1.2   研究意义

本报告构建各地区财政发展指数，从财政的收入、支出、平衡、管理与均等化角度出发，全方位描绘各地区地方财政发展的情况，反映地方财政运行的变动趋势与区域差异，具有重要的理论和现实意义。

从理论角度看，本报告设计了财政发展指数的研究框架，定量描绘了我国各省份财政发展的情况，为地方财政在不同维度的比较提供了一个参考。从现实角度看，本报告综合展现了地方财政发展的现状和变动趋势，解释了地方财政发展过程中的成绩与不足，可以为加快建立现代财政制度提供依据，有助于推动我国经济高质量发展，更好地满足国家治理体系和治理能力现代化的需要。

第二章　中国各地区财政发展指数编制方法

2.1　目标定位

中国各地区财政发展指数以习近平新时代中国特色社会主义思想为指导，以国家治理的基础与重要支柱为定位，以实现高质量发展为落脚点，在深入理解财政职能的基础上，建立衡量各地区财政发展的指标体系，制定科学的指数编制方法，反映我国财政发展的实际情况与变化趋势。

2.2　编制思路

中国各地区财政发展指数从财政收入、支出、平衡、管理与均等化等 5 个方面对各省（自治区、直辖市）的财政发展实际情况进行定量描绘。

2.2.1　财政收入

财政收入是衡量政府财力状况的重要指标，财政收入的充裕情况决定了政府在经济社会活动中提供公共产品和服务的能力，是实现高质量发展的财力保障。

政府财政收入结构体现为全口径下"四本预算"的收入结构。其中，国有资本经营预算收入数额相对较小，不予考虑；社保基金预算的收支较为独立，在后文单独用社保基金可持续指数呈现。本部分主要考虑一般公共预算收入和政府性基金预算收入。在一般公共预算收入中，人均财政收入反映财政资金的充裕情况；税收收入是一般公共预算收入的主体，反映了政府财政收入体系的法治化、规范化程度；

增值税、营业税、企业所得税和个人所得税四大税种与实体经济的关系最为密切，大税占比反映了财政收入的质量。土地出让收入构成了政府性基金预算收入的主体，土地出让收入与一般公共预算收入之比反映了政府对土地财政的依赖度。过高的土地财政依赖度在一定程度上会弱化财政收入体系的法治程度。而且由于土地出让收入高度依赖于房地产市场，房地产市场的高波动性导致过高的土地财政依赖度不利于地方政府的财政稳定性和可持续性。

综上所述，本研究确定财政收入稳健指数选取人均财政收入、税收收入占比、大税占比和土地财政依赖度等 4 个方面作为反映财政收入情况的分项指标。其中前 3 个分项指标为正向指标，土地财政依赖度为负向指标。

2.2.2 财政支出

财政支出反映了政府资金的投向，代表了政策调控的动向和国计民生的方向。保证财政支出强度，优化财政支出结构，提高财政资源配置效率和财政资金使用效率是国之大计落实落地的重要保障。习近平总书记强调："要着力补齐民生短板，破解民生难题，兜牢民生底线"[①]。教育、医疗和社会保障支出反映了政府对基础性、普惠性、兜底性民生保障建设的投入，反映了政府对保障和改善民生的关注度。政府在科技方面的投入是促进科技创新、补短板的重要推力，对推进创新发展战略、实现科技自立自强有着重要意义。环保支出是生态文明建设的重要保障，是建设美丽中国、保证长期可持续发展的体现。行政管理性支出是国家行政机关行使职能花费的支出，压缩行政管理费用、严控"三公"经费、取消低效无效支出是提高行政资金使用效率的要求，是政府过紧日子、精打细算、把宝贵的财政资源发挥出最大效益的体现。财政投资性支出是指财政资金用于投资外部性较大的基础设施和产业，但是在社会主义市场经济体制下，财政逐步由"建设财政"向"公共财政"转型，因此我们将财政投资性支出占比设置为负向指标。

综上所述，本研究确定财政支出优化指数选取人均财政支出作为反映财政支出总量的分项指标，选取教育支出占比、医疗支出占比、社会保障支出占比、科技支出占比、环保支出占比、行政管理支出占比和投资性支出占比等 7 个方面作为反映财政支出结构的分项指标。其中人均财政支出和教育支出占比、医疗支出占比、社会保障支出占比、科技支出占比、环保支出占比均为正向指标，行政管理支出占比和投资性支出占比为负向指标。

---

① 习近平. 论把握新发展阶段、贯彻新发展理念、构建新发展格局［M］. 北京：中央文献出版社，2021：535.

2.2.3　财政收支平衡

"备豫不虞，为国常道"。习近平总书记指出："当前和今后一个时期，我国发展进入各种风险挑战不断积累甚至集中显露的时期"[①]。党的十九大报告将防范化解重大风险放在打好三大攻坚战的首位。其中，化解地方债务风险是防范化解重大风险的关键。在财政收入增长乏力、财政支出刚性较强的背景下，地方政府面临日益严峻的财政压力，地方债务持续膨胀，债务率全面攀升。债务规模的扩大为地方政府带来沉重的债务负担，特别是隐性债务增长蕴含着极大的财政金融风险。完善规范、安全、高效的政府举债融资机制，加强地方政府债务管理，切实防范和化解债务风险，是促进财政可持续的必然要求。

社保基金的收支平衡也是财政可持续的一个重要方面。"十四五"规划纲要提出，要健全多层次社会保障体系。以养老保险和医疗保险为代表的社会保险基金是社会保障体系的重要组成部分，应当按照统筹层次和社会保险项目分别编制预算，做到收支平衡。在出台阶段性减免社会保险费政策的背景下，随着人口老龄化程度加深及保险待遇稳步提高，社会保险基金的长期平衡压力逐渐增大。社会保险基金的盈余情况关系到社保基金的支付压力与社会保障的可持续性，关系到国家社会保障相关政策的走向。

综上所述，本研究确定债务可持续指数和社保基金可持续指数两大方面指数来反映财政收支平衡状况。债务可持续指数选取显性债务率、隐性债务率和广义债务率等3个分项指标，均为负向指标。社保基金可持续指数选取养老保险抚养比、养老保险基金盈余率、养老保险基金人均累计结余和医疗保险基金盈余率作为分项指标，其中养老保险抚养比是负向指标，养老保险基金盈余率、养老保险基金人均累计结余和医疗保险基金盈余率均为正向指标。

2.2.4　预算管理

政府预算反映了政府活动的范围、内容和导向，预算管理贯穿于财政工作的全过程，完善预算制度是国家治理体系和治理能力现代化的重要基础。党的十九大报告指出，要加快建立现代财政制度，建立全面规范透明、标准科学、约束有力的预算制度。这就要求政府预算的实际执行与编制情况应该尽可能保持一致，不应出现大额的超支或短支情况。财政支出预决算偏离度过大在一定程度上表明财政政策的

[①]　习近平. 习近平谈治国理政：第3卷［M］. 北京：外文出版社，2020：226.

不确定性，从而影响市场微观主体的预期，进而影响国家经济调节的效果，不利于财政的长期稳定。强化预算约束，有助于加强财政资源统筹，是实现财政提质增效的重要保障。

审计是国家治理体系中的免疫系统，一方面监督国家财政预算资金合理有效地使用，另一方面对财政决算情况做出客观的鉴定与公证，及时发现和报告问题，为财政管理提供改进措施，并揭露违法行为。全面深化改革的一个重要方面就是强化"权力运行制约和监督体系"。随着政府职能从管理型向服务型转变，审计内容也向关系国家安全和民众利益的方向拓展，对促进财政资金的使用效率与政策落实有着重要意义。审计违规金额反映了财政资金使用过程中存在的问题，对于评估财政资金的使用效率具有重要意义。

"实施全面规范、公开透明的预算制度"是党的十八届三中全会提出的重大战略部署。预算透明是指将政府预算及时、系统地进行充分披露，是公民知情权的重要保证，是打造阳光政府、透明财政的重要内容，也是实现财政民主的重要制度安排。

综上所述，本研究确定预算管理规范指数选取财政支出预决算偏离度、审计违规金额占比和财政透明度等3个方面作为反映财政资金管理情况的分项指标。其中财政支出预决算偏离度、审计违规金额占比为负向指标，财政透明度为正向指标。

2.2.5 公共服务提供水平与均等化

公共财政取之于民，用之于民。基本公共服务是由政府主导、保障全体公民生存和发展基本需要、与经济社会发展水平相适应的公共服务。优化基本公共服务的提供，既是"做大蛋糕"又是"分好蛋糕"的机制，有助于促进社会和谐和公平正义。基本公共服务均等化的目的是实现居民间、城乡间、区域间的均等化，实现社会发展成果共享。2021年3月，国家发展改革委联合20个部门出台《国家基本公共服务标准（2021年版）》，明确了幼有所育、学有所教、劳有所得、病有所医、老有所养、住有所居、弱有所扶、优军服务保障、文体服务保障等9个方面的具体要求。因此，基本公共服务是保障和改善民生、增进人民福祉、满足人民日益增长的美好生活需要的重要举措。

各地区之间由于资源禀赋和地理环境等方面的差异，带来经济发展水平与政府财力的差异，进而使得民生性基本公共服务供给存在差异。根据十九大要求，应当着力缩小基本公共服务差距，使各地区人民群众享有均等化的基本公共服务，让改革发展成果更多更公平惠及全体人民，实现社会发展成果的共享。基本公共服务均等化依赖于地区间的均衡发展，同时也离不开利用转移支付促进地区间财力均衡。

综上所述，本研究确定基本公共服务指数和省内财政均衡性指数两大方面指数，分别反映各省份基本公共服务的总体相对水平和省份内各地区间的均衡性。基本公共服务指数选取义务教育生师比、每千人口卫生技术人员、人均图书馆藏书量、公路密度和每千人口民政机构床位数等5个方面作为反映各省份基本公共服务提供水平的分项指标，除义务教育生师比为负向指标外，其余均为正向指标。省内财政均衡性指数选取省内各市人均财政收入差距、省内各市人均财政支出差距、省内转移支付均等化力度和省内基本公共服务差距等4个分项指标，其中省内转移支付均等化力度为正向指标，其余3项为负向指标。

2.3 指标体系

2.3.1 指标选取原则

中国各地区财政发展指数的分项指标设置和选取遵循以下原则：

1. 综合性

单个指数只能从特定角度反映财政发展的情况，我们对于每一方面都选用不同的分项指数进行度量。最终的指标设置应紧扣财政发展的核心问题，能够客观、综合、全面地反映财政实际情况与发展变化趋势。

2. 代表性

对于不同的方面指数，我们都选用3个或者3个以上的分项指标从不同角度进行测度。选取的指标应当经得起理论检验，同时满足实际分析需要，至少能在一定程度上、一定时期内近似地反映某一方面的实际情况，具有明确的导向作用。

3. 客观性

财政发展指数大多采用官方公布的统计指标，官方指标的指标定义、样本选择与统计方法更为科学合理，能够准确、真实地反映财政运行的实际情况。

4. 可得性

财政发展指数是我国各地区财政运行情况的综合反映，数据基础源于我国各地区的统计实践。最终选取的指标应当是可度量的，并且是能够实际取得的。数据主要取自官方统计指标。所有指标数据按年度统计，确保数据的时效性。

2.3.2 指标体系构建

财政发展指数由 7 个方面指数和 31 个分项指标构成（见表 2-1）。在 7 个方面指数中，财政收入稳健指数反映财政收入情况，包括 4 个分项指标；财政支出优化指数反映财政支出情况，包括 8 个分项指标；债务可持续指数和社保基金可持续指数用于反映财政可持续性，前者包含 3 个分项指标，后者包含 4 个分项指标；预算管理规范指数反映预算管理制度完善情况，包括 3 个分项指标；基本公共服务指数和省内财政均衡性指数分别反映各省份基本公共服务总体相对水平与各省份内部各地区间财政均衡情况，前者包含 5 个分项指标，后者包含 4 个分项指标。

表 2-1 财政发展指数构成一览表

指标名称	指数方向	权重	指标类别	定义
1. 财政收入稳健指数		**100%**	方面指数	
1a 人均财政收入	正向	70%	分项指标	一般公共预算收入/人口（剔除价格因素）
1b 税收收入占比	正向	10%	分项指标	税收收入/一般公共预算收入
1c 大税占比	正向	10%	分项指标	（增值税＋企业所得税＋个人所得税＋营业税）/税收收入
1d 土地财政依赖度	负向	10%	分项指标	土地出让收入/一般公共预算收入
2. 财政支出优化指数		**100%**	方面指数	
2a 人均财政支出	正向	30%	分项指标	一般公共预算支出/人口（剔除价格因素）
2b 教育支出占比	正向	10%	分项指标	教育支出/一般公共预算支出
2c 医疗支出占比	正向	10%	分项指标	医疗支出/一般公共预算支出
2d 社会保障支出占比	正向	10%	分项指标	就业和社会保障支出/一般公共预算支出
2e 科技支出占比	正向	10%	分项指标	科技支出/一般公共预算支出
2f 环保支出占比	正向	10%	分项指标	节能环保支出/一般公共预算支出
2g 行政管理支出占比	负向	10%	分项指标	一般公共服务支出/一般公共预算支出
2h 投资性支出占比	负向	10%	分项指标	固定资产投资资金来源中的"国家预算资金"/一般公共预算支出
3. 债务可持续指数		**100%**	方面指数	
3a 显性债务率	负向	33.3%	分项指标	地方政府一般债券与专项债券余额之和/GDP
3b 隐性债务率	负向	33.3%	分项指标	地方城投公司的有息债务余额/GDP

续表

指标名称	指数方向	权重	指标类别	定义
3c 广义债务率	负向	33.3%	分项指标	显性债务率＋隐性债务率
4. 社保基金可持续指数		**100%**	**方面指数**	
4a 养老保险抚养比	负向	25%	分项指标	城镇职工养老保险参保人当中的退休人数/在职职工人数
4b 养老保险基金盈余率	正向	25%	分项指标	（城镇职工养老保险基金当年收入－当年支出）/当年收入
4c 养老保险基金人均累计结余	正向	25%	分项指标	城镇职工养老保险基金累计结余/参保人数
4d 医疗保险基金盈余率	正向	25%	分项指标	（城镇职工医疗保险基金当年收入－当年支出）/当年收入
5. 预算管理规范指数		**100%**	**方面指数**	
5a 财政支出预决算偏离度	负向	33.3%	分项指标	（一般公共预算支出决算数－预算数）/预算数
5b 审计违规金额占比	负向	33.3%	分项指标	审计违规金额/一般公共预算支出决算数
5c 财政透明度指数	正向	33.3%	分项指标	各省份财政信息公开程度
6. 基本公共服务指数		**100%**	**方面指数**	
6a 义务教育生师比	负向	20%	分项指标	义务教育学生人数/义务教育老师人数
6b 每千人口卫生技术人员	正向	20%	分项指标	卫生技术人员/人口数
6c 人均图书馆藏书量	正向	20%	分项指标	公共图书馆藏书量/人口数
6d 公路密度	正向	20%	分项指标	年末实有道路面积/行政区域土地面积×1 000
6e 每千人口民政机构床位数	正向	20%	分项指标	民政机构床位数/人口数
7. 省内财政均衡性指数		**100%**	**方面指数**	
7a 省内各市人均财政收入差距	负向	25%	分项指标	省内各市人均财政收入的基尼系数
7b 省内各市人均财政支出差距	负向	25%	分项指标	省内各市人均财政支出的基尼系数
7c 省内转移支付均等化力度	正向	25%	分项指标	省内各市人均财政支出的基尼系数－省内各市人均财政收入的基尼系数
7d 省内各市基本公共服务差距	负向	25%	分项指标	省内各市基本公共服务指数的基尼系数
财政发展总指数			**总指数**	**财政收入稳健指数×0.25＋财政支出优化指数×0.25＋债务可持续指数×0.1＋社保基金可持续指数×0.1＋预算管理规范指数×0.1＋基本公共服务指数×0.1＋省内财政均衡性指数×0.1**

2.4 指标计算方法

2.4.1 分项指标的标准化

我们采用极差标准化的方法对每个分项指标进行标准化，将不可比的分项指标转换为可比的指数，各省份在某一指标上的指数结果衡量了其在该指标上的相对位置。参考樊纲等[①]构造市场化指数的方法，第 i 个指标得分的计算方法如下：

记 V_{it} 是某个省份第 t 年第 i 个指标的原始数据，$V_{it}^{\max}$ 是所有省份历年（2008—2020 年）第 i 个指标的原始数据中数值最大的一个，$V_{it}^{\min}$ 则是最小的一个。

对于正向指标，采用如下标准化公式：

$$第\,i\,个指标第\,t\,年指数 = \frac{V_{it} - V_{it}^{\min}}{V_{it}^{\max} - V_{it}^{\min}} \times 100$$

对于负向指标，采用如下标准化公式：

$$第\,i\,个指标第\,t\,年指数 = \frac{V_{it}^{\max} - V_{it}}{V_{it}^{\max} - V_{it}^{\min}} \times 100$$

该标准化结果使得各指标跨年份可比，并保证了单项指数的得分在 0～100 之间。在各指标的标准化结果中，指数得分越接近 100，说明其在该指标中表现越好；指数得分越接近 0，说明其在该指标中表现越差。

2.4.2 方面指数计算

各方面指数均采用加权平均的方法，以等权重方法为主，即将不同的指标采取等权重的方式进行计算。等权重方法是一种操纵简易、结果适中的处理方法。但有两个例外，在财政收入稳健指数的 4 个分项指标中，人均财政收入反映了财政资源的充裕程度，在财政收入稳健指数中较为重要，人为调整权重为 70%，其余 3 个分项指标权重各为 10%；在财政支出优化指数的 8 个分项指标中，人均财政支出反映了财政支出总体情况，在财政支出优化指数中较为重要，人为调整权重为 30%，其余 7 个分项指标权重各为 10%。

---

① 樊纲，王小鲁，朱恒鹏. 中国市场化指数：各地区市场化相对进程 2011 年报告［M］. 北京：经济科学出版社，2011.

2.4.3　总指数计算

　　财政发展总指数由各方面指数加权平均计算获得。由于不同方面指数的相对重要性有所差别，经多轮意见征求与专家建议，确定了不同方面指数的权重。其中，财政收入稳健指数与财政支出优化指数权重分别为 25%，其余各方面指数权重相等，均为 10%。

第三章　中国各地区财政发展指数测算结果

3.1　财政发展指数的总体趋势与地区对比

3.1.1　总趋势

图 3-1 是 2008—2020 年各省份财政发展总指数的平均趋势。总指数得分在 41～48 分之间，总体呈增长趋势，表明我国的财政体制不断发展完善。与 2019 年相比，2020 年财政发展指数平均降低了 1.09 分，这主要是因为新冠肺炎疫情冲击了实体经济，导致财政收入稳健程度下降、债务和社保基金的可持续性下降。

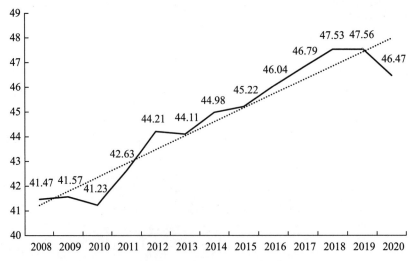

图 3-1　2008—2020 年各省份财政发展总指数的平均趋势

3.1.2　东中西部地区的对比

财政发展总指数在地区间存在较大差异。如图 3-2 所示，尽管东中西部地区[①]的总指数均随时间逐步增长，但东部地区财政发展总指数显著高于中西部地区，且差距有逐渐拉大的趋势，中部与西部总体差距不大。

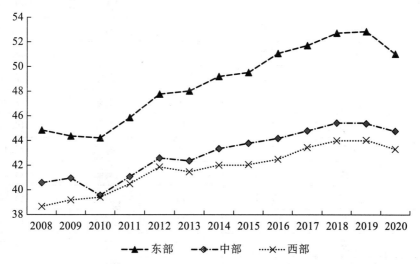

图 3-2　2008—2020 年东中西部财政发展总指数的平均趋势对比

表 3-1 所示为 2019 年和 2020 年各省份财政发展总指数和排名。纵向来看，2020 年上海、北京、天津和广东财政发展总指数得分最高，贵州、广西、新疆、云南等西部省份财政发展总指数得分较低。横向来看，与 2019 年相比，2020 年有 12 个省份排名未发生变动，吉林和福建排名下滑幅度最大，各下降了 5 名，而安徽与青海则上升了 5 名，湖北上升了 4 名，辽宁上升了 3 名，其余 13 个省份仅轻微变动了 1～2 名。由此可见，财政发展水平和进步幅度在我国各地区间存在着异质性。

表 3-1　2019 年和 2020 年各省份财政发展总指数和排名

2019 年排名	省份	2019 年总指数	2020 年排名	省份	2020 年总指数
1	上海	53.17	1	上海	51.23
2	北京	53.17	2	北京	51.23

[①]　本报告中划分东中西部地区的标准如下：东部地区包括北京、天津、河北、辽宁、上海、江苏、浙江、福建、山东、广东和海南共 11 个省份；中部地区包括山西、吉林、黑龙江、安徽、江西、河南、湖北和湖南共 8 个省；西部地区包括四川、重庆、贵州、云南、西藏、陕西、甘肃、青海、宁夏、新疆、广西和内蒙古共 12 个省份。

续表

2019 年排名	省份	2019 年总指数	2020 年排名	省份	2020 年总指数
3	天津	53.17	3	天津	51.23
4	广东	53.17	4	广东	51.23
5	西藏	51.25	5	西藏	50.24
6	内蒙古	50.09	6	内蒙古	49.24
7	浙江	49.88	7	浙江	48.70
8	山西	49.66	8	山西	48.22
9	山东	49.34	9	辽宁	47.88
10	海南	49.08	10	山东	47.36
11	江苏	48.50	11	江苏	46.99
12	辽宁	48.11	12	海南	46.49
13	吉林	46.76	13	安徽	45.91
14	福建	46.61	14	宁夏	45.88
15	河北	46.50	15	黑龙江	45.71
16	宁夏	46.29	16	河北	45.31
17	黑龙江	46.05	17	湖北	45.30
18	安徽	45.84	18	吉林	45.23
19	陕西	45.73	19	福建	45.09
20	甘肃	44.84	20	陕西	44.90
21	湖北	44.79	21	河南	43.61
22	四川	44.03	22	甘肃	43.36
23	河南	43.96	23	四川	42.92
24	湖南	43.32	24	湖南	42.73
25	重庆	42.99	25	青海	42.73
26	江西	42.66	26	重庆	41.45
27	新疆	41.98	27	江西	41.45
28	云南	41.30	28	云南	40.50
29	广西	39.60	29	新疆	39.60
30	青海	38.90	30	广西	38.70
31	贵州	38.21	31	贵州	37.35

3.2　财政发展分指数的趋势与地区对比

3.2.1　财政收入稳健指数

2008 年到 2018 年十年间，我国财政收入稳健指数总体平稳提高（如图 3-3 所示）。但近两年内随着我国经济增长放缓，大规模减税降费政策不断推行，加上新冠肺炎疫情冲击，我国地方政府的财政收入能力有所下降，财政收入压力不断加大，财政收入稳健指数由 2018 年的 33.19 分下降到 2020 年的 29.67 分。分地区来看，东部地区的财政收入稳健程度远高于中西部地区，波动程度也比中西部更大。

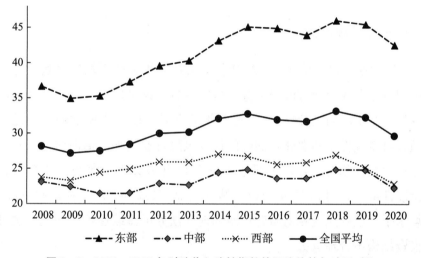

图 3-3　2008—2020 年财政收入稳健指数的平均趋势与地区对比

3.2.2　财政支出优化指数

如图 3-4 所示，我国财政支出优化指数在 2008—2020 年不断提升，提升幅度较大且增幅稳定，由 26.10 分增加到 42.12 分，既说明了我国财政支出的经济驱动力不断增强，又体现了我国地方政府财政支出结构的不断优化。横向相比，东部整体支出结构最合理，中部次之，西部较落后，与三个地区的经济状况基本对应，但三者差异不大。中部地区财政支出优化指数的波动最剧烈。

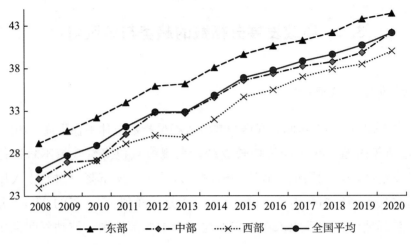

图 3 - 4 　2008—2020 年财政支出优化指数的平均趋势与地区对比

3.2.3　债务可持续指数

图 3-5 展现了我国 2008—2020 年债务可持续指数的平均变动趋势与地区对比情况。由图可见，我国地方政府债务可持续指数总体呈现下降趋势，虽然这一下降趋势在 2015—2018 年有所减缓，但近两年的下降速度又有所加快。这说明我国地方政府债务可持续性不断恶化，面临的债务风险日益增加。横向对比来看：中部地区的债务可持续性相对较好；东部地区在 2014 年及以前的债务负担最重、风险最大、可持续性最差，但 2015 年及以后情况明显好转，债务可持续指数逐渐超过了全国平均水平，债务风险相对减轻；西部地区债务可持续性持续恶化，这可能与西部地区投资结构不合理有关。

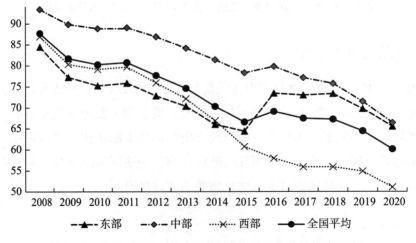

图 3 - 5 　2008—2020 年债务可持续指数的平均趋势与地区对比

3.2.4 社保基金可持续指数

除债务可持续指数外,我国的社保基金可持续指数也不容乐观。如图3-6所示,总体而言,尽管与债务可持续指数相比降幅不大,但社保基金可持续指数也呈下降趋势,尤其是2020年,一方面我国人口老龄化问题持续加重,另一方面新冠肺炎疫情引发了部分失业增加、医疗需求增加、社保减免等问题,全国平均的社保基金可持续指数剧烈下降,从2019年的45.85分跌至39.20分。横向来看,东部地区总体的社保基金可持续性较强,这与东部地区雄厚的经济实力有关,中部地区的社保可持续性最差,且与西部地区的差距逐渐拉大,这与中部地区劳动力净流出、老龄化问题严重、老工业地区积病已久相关。

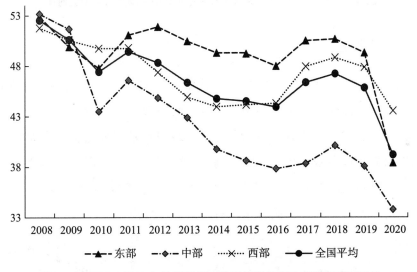

图3-6 2008—2020年社保基金可持续指数的平均趋势与地区对比

3.2.5 预算管理规范指数

图3-7展示了我国2008—2020年预算管理规范指数的平均变动趋势与地区对比。总体来看,近十年来我国预算管理改革初有成效,我国预算管理规范指数不断提高,从2008年的57.44分增长至2020年的82.05分。东中西部地区的预算管理规范指数均呈现增长趋势,东部地区相对更规范一些,中西部地区差别不大,交错上升。

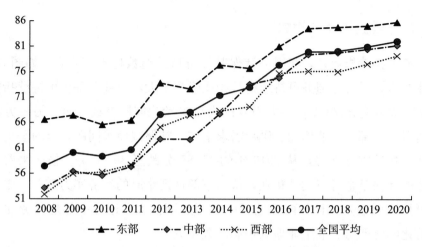

图 3-7 2008—2020 年预算管理规范指数的平均趋势与地区对比

3.2.6 基本公共服务指数

图 3-8 为我国 2008—2020 年基本公共服务指数的平均变动趋势与地区对比。总体而言，我国地方政府基本公共服务指数不断提升且增幅较大，由 23.24 分增长到 37.77 分，增加了 14.53 分，说明我国地方政府在基本公共服务方面的投入稳定增长，民生保障和社会服务水平不断提高。东中西部对比而言，基本公共服务的提供水平基本与经济状况对应，东部地区基本公共服务指数得分远高于中西部地区，西部地区相对较差，基本公共服务水平有待进一步提高。

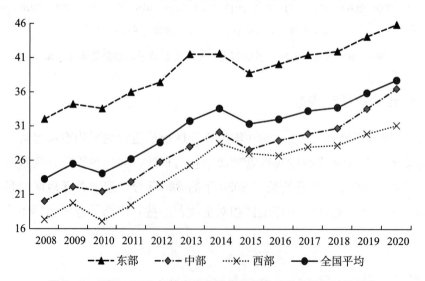

图 3-8 2008—2020 年基本公共服务指数的平均趋势与地区对比

3.2.7　省内财政均衡性指数

如图 3-9 所示，2008—2019 年我国省内财政均衡性指数平均水平呈现波动上升的趋势。省内财政均衡程度不断提高，有助于实现社会公平与稳定。横向对比看，东部地区的不均等程度更高，中西部省内财政均衡情况相对较好，其中中部地区最为平稳。

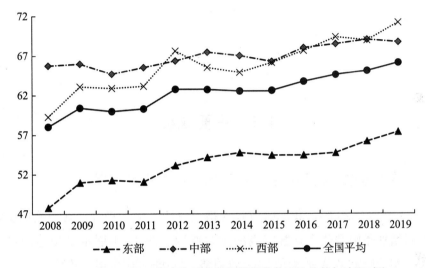

图 3-9　2008—2019 年省内财政均衡性指数的平均趋势与地区对比

注：本图剔除了北京、上海、天津、重庆 4 个直辖市与所辖地级市数量较少（多数年份小于 3 个）的海南、西藏、青海、新疆 4 省（自治区），且因至本书稿撰写完成时 2020 年城市层面统计数据未公布，故而本图不包含 2020 年省内财政均衡性指数。

第四章 中国各地区财政发展的成绩、问题与建议

4.1 主要成绩

4.1.1 人均财政收入稳步增长，财政收入稳健性基本提高

从 2008 年到 2020 年，我国财政收入指数总体呈增长趋势，其中人均实际财政收入的不断增加是财政收入指数提高的主要原因。图 4-1 展示了扣除价格因素后各省份人均实际财政收入平均值的变动趋势。2008—2019 年人均实际财政收入以高于同期人均 GDP 的名义增长率快速提高，尽管 2020 年这一增长趋势有所逆转，但人均实际财政收入仍保持在 0.66 万元的水平上，充分说明了近十几年来我国经济增长取得的卓越成就以及财政收入能力的不断上升。

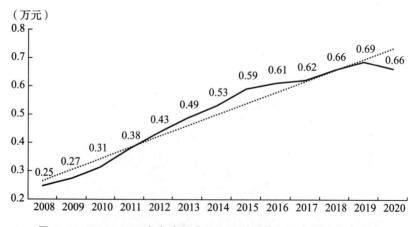

图 4-1　2008—2020 年各省份人均实际财政收入平均值的变动趋势

注：此处历年实际人均财政收入均已扣除价格因素。

4.1.2　从"吃饭"走向"民生"，财政支出结构逐渐优化

在财政支出方面，如图4-2所示，随着我国经济的不断增长，人均财政支出在2008—2020年期间稳步上升，由0.47万元提高到了1.62万元，增加了约2.45倍，表明地方政府承担财政支出责任的能力不断提高。以教育、医疗和社会保障为主体的民生性支出占比在总体上也实现了增长，说明我国政府正坚定地走向提升财政支出"温度"的民生性财政。除此以外，我国在提高政府管理效率、降低行政管理费用方面也取得了显著成效，2008年至今，行政管理支出占财政支出的比重大幅下降，且自2014年后维持在较低水平（如图4-3所示）。

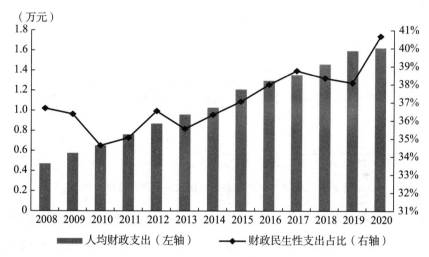

图4-2　2008—2020年人均财政支出与财政民生性支出占比的变动趋势

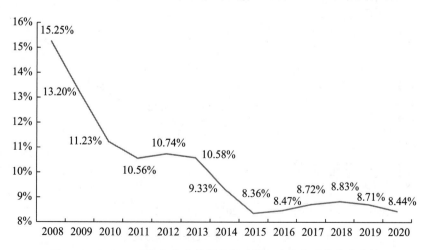

图4-3　2008—2020年各省份平均行政管理支出占比的变动趋势

4.1.3 预决算偏离减小，预算公开稳步推进

随着近年来我国预算管理改革的不断推进与深化，我国地方政府预算管理工作有明显改善，预算与决算数字的吻合度越来越高。如图 4 - 4 所示，我国财政支出预决算偏离程度随时间推进显著缩小。2015 年《预算法》修订实施后，人民代表大会预算监督权得到一定的保障和加强，我国财政支出预决算偏离度进一步得到改善，基本维持在 20% 以内。

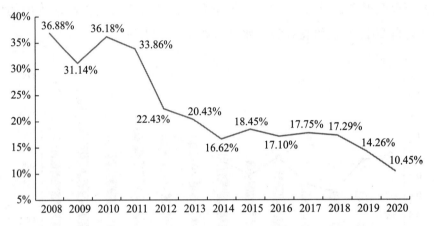

图 4 - 4　2008—2020 年财政支出预决算偏离度绝对值

深化财税体制改革的另一个重要方面就是我国政府财政透明度的提高。如图 4 - 5 所示，我国财政透明度也有大幅持续的增加。社会对财政活动的监督能力逐步提高，有利于政府进一步提高预算管理能力。

图 4 - 5　2008—2017 年财政透明度指数的变动趋势

注：财政透明度指数出自上海财经大学编写的《中国财政透明度报告》，该报告目前只更新至 2018 年，因此本报告引用的财政透明度指数止于 2017 年。

4.1.4　基本公共服务水平提升，促进社会发展成果共享

我国地方政府基本公共服务水平稳步提升。2008—2020 年，义务教育生师比显著下降，说明我国基础教育的发展日益完善，每千人口卫生技术人员、人均图书馆藏书量、公路密度都呈现增长趋势，表明我国政府在卫生医疗、教育以及基础设施等方面的基本公共服务提供水平均不断提高，卓有成效。

近年来，我国省内财政均衡性指数得分整体上呈现持续上升的良好态势，各省份省内转移支付均等化力度逐渐加大（如图 4-6 所示），省内各市人均财政收入差距、省内各市人均财政支出差距和省内各市基本公共服务差距逐渐减小，财政运行的均衡程度日益提高。

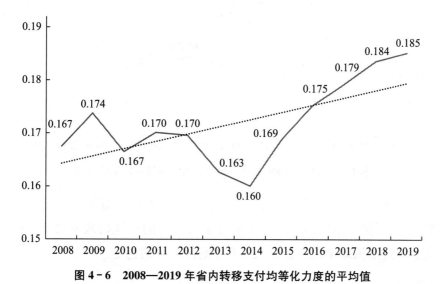

图 4-6　2008—2019 年省内转移支付均等化力度的平均值

注：由于至本书稿撰写完成时《中国城市统计年鉴》仅公布至 2019 年，因此省内转移支付均等化力度数据仅呈现到 2019 年。

4.2　突出问题

4.2.1　财政收入结构有待改善，应对风险能力有待提高

尽管近十余年间，我国人均财政收入大幅增长，财政收入稳健指数也不断提升，但随着我国经济增速放缓，我国地方政府财政收入稳健指数的提升也逐渐放缓，加上新冠肺炎疫情的冲击，我国财政收入结构存在的问题逐渐暴露，具体表现在三方面：

第一，财政收入面对突发事件应对风险的能力尚有不足。新冠肺炎疫情不仅威胁

着全国人民的生命财产安全，也给我国政府的财政收入带来了挑战，2020 年人均财政收入急剧下降，地方政府面临巨大的财政收入压力，财政收入稳健程度明显下降。

第二，税收收入持续下降，财政收入进一步紧缩。随着我国近年来大范围、大力度施行减税降费举措，税收收入占财政收入的比重不断减小，尤其是大税收入占比下降幅度明显。如图 4-7 所示，各省份大税收入占税收收入的比重由 2008 年的 73.6％下降到 2020 年的 60.1％，下降了 13.5 个百分点。

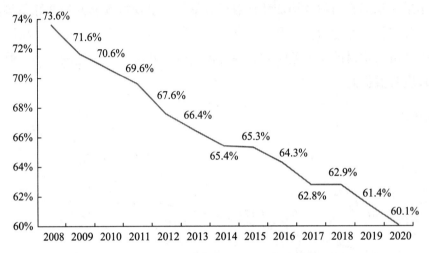

图 4-7　2008—2020 年各省份大税占比平均值的变动趋势

第三，土地出让收入依赖程度进一步加大，财政收入风险伴生。如图 4-8 所示，从 2015 年开始，我国地方政府又出现了新一轮的土地财政依赖。土地出让收入稳定性差，过度依赖土地出让收入不利于财政收入的稳定。

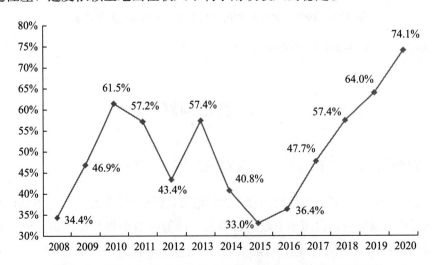

图 4-8　2008—2020 年各省份土地财政依赖度平均值的变动趋势

4.2.2　刚性支出需求扩大，收支矛盾日益凸显

2008—2020 年，我国政府财政支出结构不断优化，但地方政府财政支出结构依旧存在着一些问题。

第一，如图 4-9 所示，我国地方政府教育支出占财政支出的比重自 2012 年起逐年下降，在一定程度上反映出地方政府在承担民生性支出责任时面临财力不足的问题。近年来我国人口老龄化问题逐渐凸显且日益严重，医疗保障与养老金支出压力巨大，加上用于乡村振兴、脱贫攻坚、保障民生等促进社会公平、保障基本民生的刚性支出只增不减，我国地方政府收支矛盾进一步恶化。

第二，我国科技支出所占比重虽然不断提高，但与发达国家相比仍差距较大，有待进一步提高。

第三，为进一步促进全国均衡发展，提高社会公平，我国财政支出具有明显的地域倾向，但西部地区存在着过高的财政投资性支出与人均财政支出，过度投资与重复建设降低了财政资金的使用效率，也加大了债务风险累积。

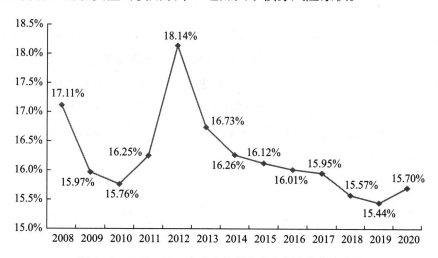

图 4-9　2008—2020 年各省份教育支出占比的变动趋势

4.2.3　政府负债率持续提高，西部地区债务风险较大

随着我国经济增长放缓以及减税降费等政策的持续推广，政府财政收入情况恶化，加上民生性刚性支出压力的不断加大，我国地方政府财政收支矛盾日益加深，除了通过出让国有土地使用权获取收入以外，债务融资也是地方政府弥补财政收支缺口的重要方式。如图 4-10 所示，2008—2020 年，无论用广义口径还是狭义口径，我国地方的负债水平都在不断提高，债务率明显上升，债务可持续性下降。此

外，西部地区的债务风险显著高于东中部地区，值得关注。

图 4-10　2008—2020 年各省份平均债务率的变动趋势

4.2.4　人口老龄化问题持续加重，社保刚性支出压力持续增加

近年来，我国人口老龄化问题日益凸显，也对社保可持续性带来了挑战。如图 4-11 所示，2008—2016 年，我国养老保险抚养比持续攀升，到 2020 年一直维持在高位，每 10 位在职职工需供养约 4 位老人。老年人口比重的持续增大、劳动人口的相对下降不仅增大了社保支出的压力，也减小了社保收入的来源，加上 2020 年推行的社保减免系列政策，我国地方政府社保基金盈余率急剧下降，社保基金可持续性显著恶化。

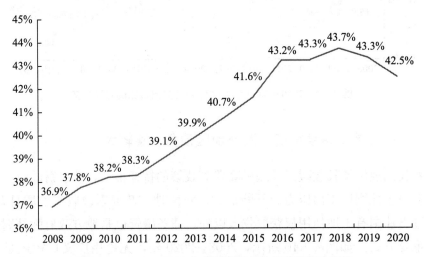

图 4-11　2008—2020 年全国养老保险抚养比变动趋势

4.3 优化方向

4.3.1 合理调整财政收入结构保证收入，切实加强应对化解风险能力

稳定且充足的财政收入是政府发挥职能的前提，因此为提高我国地方政府的财政收入稳健程度，可以从以下两方面做出努力：第一，合理优化财政收入结构，提高财政收入对疫情以及其他冲击的免疫程度，提高应对各类风险的能力。第二，协调减税降费激励力度与地方政府收入稳定性，不宜继续推出大规模减税降费政策，而应转向提高减税精准度。

4.3.2 明确责任优化支出结构，加强管理提高资金使用效率

在经济增速放缓的环境下，面对稳增长压力以及无法缩减的民生性刚性支出，改善财政支出结构，提高财政资金使用效率尤为重要，我国地方政府可考虑从以下几方面对财政支出结构进行优化：第一，完善预算管理，提高财政支出效率，保证支出结构性"节流"。第二，进一步明确中央与地方政府财政事权与支出责任的划分，合理安排地方政府财政支出结构。第三，进一步加强市场在资源配置中的决定性作用，合理确定政府与市场的边界，减少政府对市场的过多干预。

4.3.3 因地制宜严控债务规模，统筹发展与安全

为在稳增长的目标下防范化解重大风险，地方债务的管理有必要从以下三方面进行努力：第一，各级地方政府要依照规定继续对隐性债务进行严格管控。第二，强化显性债务项目储备、建设和运营绩效管理。一方面，要积极争取地方政府债券的支持，按照科学发展、稳定增长的要求，提前谋划项目，精选一批符合政策支持方向，具有稳定收入来源，涉及县重点民生领域和重点投资计划，产业关联度高、市场潜力大的建设项目。另一方面，要强化对地方政府专项债券的管理，加快地方政府债券的发行使用。做好地方政府专项债券发行及项目配套融资工作，鼓励依法依规通过市场化融资解决项目资金来源问题，精准聚焦纳入重大项目建设及其他补短板类重大项目。第三，要因地制宜，对不同负债水平的地区，合理制定地方债务管理措施。针对偿债能力低的西部地区，应实施更加严格准确的债务管控，把控债务限额，防止其过度举债。

4.3.4 加强社保费统筹征管，提升社保基金可持续水平

为提升社保基金可持续性，本报告建议：第一，社保费率"低费率、宽费基、严征管"，即降低社保名义费率、拓宽社保税费基数、加强社保费统筹征管。第二，加快实现全国统筹，促进地区间公共服务均等化，同时优化制度设计，保证地方税务机关征收激励。第三，加快建立多层次的养老保障体系，合理区分政府、企业和个人的养老责任，在基本养老保险"保基础"之上，促进企业年金、商业性养老保险和个人储蓄养老保险的发展，形成多资金渠道的养老保障体系，而非过度依赖政府的基本养老体系，从而舒缓政府在老龄化高峰到来时的养老金发放压力。第四，完善国企分红政策，处理好财政贡献与保值增值间的关系，建立更加稳定的长期利益分配机制。

4.3.5 完善预算制度，推进预算绩效管理

本报告对地方政府预算管理进一步规范提出以下建议：第一，进一步提升财政信息公开透明程度，加强预算监督。第二，规范政府预算绩效评价，提高财政资金使用效率。

4.3.6 合理调节地区间财力分配，促进公共服务均等化

尽管各省份基本公共服务水平逐年提高，差距也日益缩小，但是距离实现基本公共服务均等化仍旧任重而道远。我国基本公共服务发展不均衡存在两大特征：第一，基本公共服务水平往往与地区的经济发展水平相关，存在地区间的不均衡。针对这一问题，可加大对落后地区财力的支持保障力度，缩小地区间差距，对于财力不足的地区，可以用相应的专项转移支付和一般转移支付促使其提高基本公共服务水平，在量入为出的基础上促进基本公共服务建设。第二，流动人口规模的增加给一些经济发展水平较好的省份带来了基本公共服务资源供给的紧张。一方面，中央可以对人口流入大省进行针对性的扶持和帮助；另一方面，各省份也应在经济发展和财力可持续的基础上，加强基本公共服务建设。

尽管目前全国各省份省内财政均衡性水平逐渐提高，但距离区域均衡的目标仍有一定差距。本报告提出以下建议：第一，完善财政转移支付支持欠发达地区的机制，合理调节地区之间的财力分配。第二，建立健全省份内全区域的战略统筹，加强区域合作互助机制，以促进省份内各地区的共同发展。第三，在保证人均财政支出均衡的前提下，优化支出结构，优先保障基本公共服务补短板。

第五章　财政收入稳健指数

本部分介绍地方财政收入稳健指数，该指数由人均财政收入、税收收入占比、大税占比和土地财政依赖度等 4 个指标构成，各分项指标的权重分别为 70％、10％、10％、10％。各分项的具体定义如表 5－1 所示。

表 5－1　财政收入稳健指数分项指标构成

指标名称	指数方向	权重	指标类别	定义
1. 财政收入稳健指数		**100％**	**方面指数**	
1a 人均财政收入	正向	70％	分项指标	一般公共预算收入/人口（剔除价格因素）
1b 税收收入占比	正向	10％	分项指标	税收收入/一般公共预算收入
1c 大税占比	正向	10％	分项指标	（增值税＋企业所得税＋个人所得税＋营业税）/税收收入
1d 土地财政依赖度	负向	10％	分项指标	土地出让收入/一般公共预算收入

原始数据来源如下：2017 年及以前的土地出让收入数据来自《中国国土资源统计年鉴》，2018 年及以后的土地出让收入数据来源于各省份决算报告和预算执行情况报告，其余数据均来自《中国统计年鉴》。一般公共预算收入、各项税收以及土地出让收入口径均为地方政府本级。

指标 1a 的人均财政收入，使用 GDP 价格平减指数折算为 2008 年不变价格，该指标用以反映各省份财政收入总量的横向差距及其随时间推移的纵向变动。指标 1b～1d 反映财政收入的结构性特征。在财政收入中，非税收入的筹措是依据行政性规章制度，而税收收入的筹措需遵循税收法定原则，因此，税收收入占比（指标 1b）反映了财政收入的法治化程度，截至 2020 年末，我国 18 个税种中有 11 个税种已通过立法，税收法治化进程稳步推进。在税收收入中，增值税、营业税、企业所得税、个人所得税四大税种与实体经济发展程度密切相关，因此这四大税种筹措的大税占比（指标 1c）能够体现财政收入分享实体经济发展成果的部分，从而反映财政收入的质量。2017 年全面"营改增"后，营业税已经走入历史，因此 2017 年及以后的大税收入仅有增值税、企业所得税和个人所得税三大税种筹措的收入。

在"四本预算"的地方财政全口径收入中，除了一般公共预算收入，政府性基金预算收入中土地出让收入占据绝大部分，我们使用土地出让收入与一般公共预算收入之比来衡量地方政府的土地财政依赖程度（指标 1d）。国有资本经营预算收入数额非常小，本报告未予以考虑。社保基金预算的收支具有独立性，我们在第八章将其编制为社保基金可持续指数进行单独列示。

5.1　财政收入稳健指数的发展趋势

本部分对 2008—2020 年地方财政收入稳健指数的发展趋势进行分析，且主要在 2020 年报告的基础上对 2019—2020 年的变动情况进行分析。

5.1.1　方面指数的变动趋势

2020 年的报告指出，2008—2019 年，地方财政收入稳健指数总体呈上升趋势。但随着近年来经济发展水平放缓以及减税降费举措的实施，财政收入稳健指数的变动出现反复。2020 年，由于新冠肺炎疫情的暴发，实体经济受到了极大的冲击，这也直接导致财政收入增长面临极大的压力。

与 2019 年相比，2020 年大部分地区的一般公共预算收入出现一定程度的下降，其余地区尽管没有下降，但增长幅度也大幅衰减。2020 年各地区加总的一般公共预算收入较 2019 年下降 1%，如若剔除价格因素，那么该降幅为 3%。不同地区的财政收入变动存在极大的异质性，湖北、天津的一般公共预算收入分别下降了 26% 和 20%，而增长率最高的四川，一般公共预算收入仅增长了 4.7%[①]。

2020 年与经济活动相关性更大的税收收入和三大税种筹措的收入则面临更大的降幅，与 2019 年相比，各地区加总的地方政府税收收入占比下降 2.6%。分地区来看，湖北的下降幅度最大，达到 24%；黑龙江、海南和新疆的降幅也均超过

[①] 地区加总一般公共预算收入和分省一般公共预算收入数据来自 2019 年和 2020 年《中国统计年鉴》的"分地区一般公共预算收入"，剔除价格因素所使用的数据为 2020 年《中国统计年鉴》的"国内生产总值指数（上年＝100）"。

10%；全国仅有青海、浙江、四川、江苏和云南实现税收收入的增长。全国各地区加总的地方政府三大税种筹措收入相较于 2019 年下降 5.4%。增值税仅有青海与安徽实现了增长；企业所得税方面，仅有江苏、浙江、湖南、广西、四川、云南和青海等 7 个省份实现了增长[①]。

与税收收入下降相对应的是，大部分地区的非税收入以及土地出让收入都出现了上升，部分反映出由于税收收入的下降，地方政府诉诸非税收入以及土地出让收入以稳定地方财政收入。

上述几方面的原因相叠加，导致 2020 年的地方财政收入稳健指数相较于 2019 年出现了较大的下降，图 5-1 反映了财政收入稳健指数的变动情况。固然人均财政收入的下降是指数下降的主要原因，但需要注意的是，诸如税收收入和大税占比的下降、土地财政依赖度的增加，这些分项指标的恶化趋势在 2019 年及以前就已经存在。在以往年份，由于人均财政收入的稳步上升，其他分项指标的恶化并未显现出来，方面指数仍然保持增长态势，但是 2020 年，由于新冠肺炎疫情冲击，财政收入面临巨大压力，分项指标的恶性趋势难以再被掩盖，最终导致方面指数较大幅度的下跌。

然而，疫情的影响并非一朝一夕，它有可能在未来几年才能逐渐消退，如何遏制财政收入稳健指数的下降趋势，避免偶然冲击造成更大危害，重新提振财政收入的健康水平，是未来几年需要格外关注的问题。

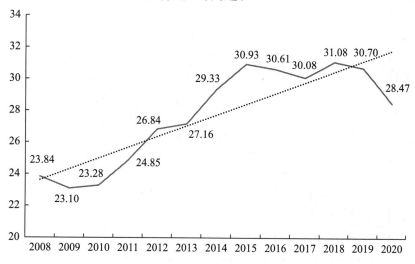

图 5-1　2008—2020 年各省份财政收入稳健指数平均值的变动趋势

[①]　分省税收收入和分省分税的各项收入数据来自 2019 年和 2020 年《中国统计年鉴》的"分地区一般公共预算收入"。

5.1.2 分项指标的变动趋势

本小节分别描述人均财政收入、税收收入占比、大税占比以及土地财政依赖度等4个分项指标的变动情况，表5-2为2019年和2020年分项指标对比。

表5-2 2019年和2020年财政收入稳健指数分项指标对比

分项指标	2019年	2020年
人均财政收入（万元）	0.78	0.76
税收收入占比	73%	71%
大税占比	61%	60%
土地财政依赖度	64%	74%

注：此处的人均财政收入未剔除价格因素。

图5-2展示了剔除价格因素后人均财政收入历年的变动情况，人均财政收入在2008—2019年都呈现稳定上升的态势，且名义平均增速达到9.7%，高于同期人均GDP的名义增长率。分段来看，2008—2013年5年间，各省份人均财政收入的名义增长率达到18%，而2013—2019年6年的平均增长率仅为6%，反映出财政收入增长随着近年来经济增速放缓以及减税降费措施而放缓。至2020年，各省份人均财政收入的持续增长态势出现逆转。未剔除价格因素时，2019年的地方合计人均财政收入为0.78万元，2020年的数值降为0.76万元。

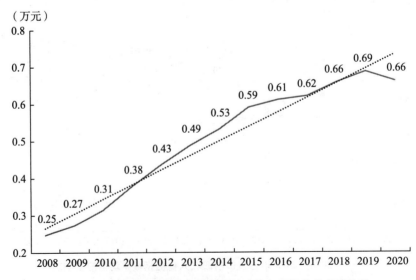

图5-2 2008—2020年各省份人均财政收入平均值的变动趋势

注：此处历年人均财政收入均已剔除价格因素。

　　图 5-3 和图 5-4 显示，税收收入占比和大税占比在 2008—2020 年期间整体都呈现出下降趋势。税收收入占比的平均值从 2010 年的 77.5％下降至 2016 年的 70.8％，2017 年起虽有小幅回升，但很快又跌落至 2020 年的 71.2％；大税占比的平均值则在 2008—2019 年从 73.6％降至 61.4％，2020 年进一步降至 60.1％。从不同税种来看，小税种在经历了前期的大幅增长后，近年来变动逐渐减小，且随着立法的通过，小税种所获取的收入应该会渐趋稳定。在税收法治化的大背景下，稳定大税种所筹措的收入显得更加重要。近年来的减税降费举措主要集中于大税种，

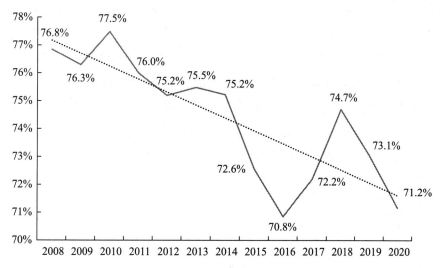

图 5-3　2008—2020 年各省份税收收入占比平均值的变动趋势

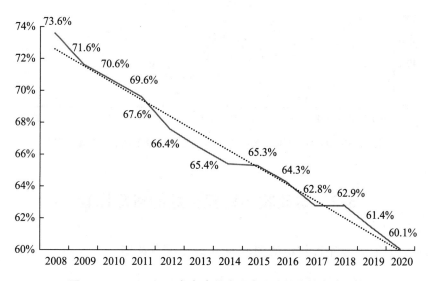

图 5-4　2008—2020 年各省份大税占比平均值的变动趋势

2020 年受到疫情影响，增值税、企业所得税等大税种都有针对疫情的优惠措施。如何平衡好缓解疫情冲击的税收优惠以及后续的减税降费举措与地方财政收入所面临的压力，将是今后财政优化需要考量的一个重要方面。

一般公共预算收入、税收收入增长放缓的一大直接影响就是地方政府会诉诸其他收入以求缓解财政压力，而土地出让收入是地方财政获取收入的另一大主要来源。图 5-5 展示了土地财政依赖度的变动趋势，2015—2020 年，地方土地财政依赖度呈现出不断上升的趋势。仅以 2018—2020 年的土地出让收入数据为例①，2019 年地方合计土地出让收入增长率达到 11.5%，2020 年地方合计土地出让收入增长率达到 15.8%（均未剔除价格因素），均明显高于 GDP 和一般公共预算的增长速度。从土地财政依赖度的角度，2015—2020 年，各省份平均土地财政依赖度从 33.0% 上升到 74.1%，体现出地方政府对土地财政的依赖度在近年来明显提高。部分省份的决算报告指出这是由于 2020 年土地市场行情较好，土地出让业务增长较快导致。当然，另一部分原因是在税收收入增速下滑的情况下，地方政府倾向于寻求土地出让收入以稳定地方财政收入。

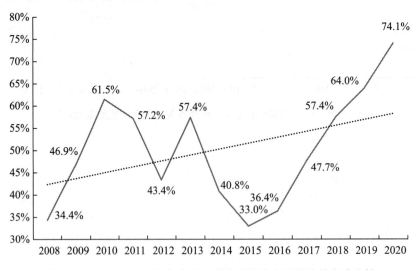

图 5-5　2008—2020 年各省份土地财政依赖度平均值的变动趋势

5.2　财政收入稳健指数的省际比较

本部分分析 2020 年各省份的财政收入稳健指数数据，从人均财政收入、税收

---

①　这三年的土地出让收入数据均来自决算报告或预算执行报告，因此更具可比性。

收入占比、大税占比和土地财政依赖度等 4 个分项指标出发，对比不同省份的情况。

5.2.1 东中西部地区的对比

表 5-3 展示了 2020 年财政收入稳健指数及其分项指标在东中西三个地区整体情况的对比。东部地区指数的平均数值为 41.6 分，中西部地区的指数平均数值分别为 20.4 分和 21.8 分，东部地区的财政状况明显好于中西部地区，而中西部地区之间的差异较小。

从分项指标来看，东部地区的主要优势在于人均财政收入明显更高，这与东部地区更发达的经济水平相适应。东部地区的人均财政收入为 1.21 万元，中部地区的数值为 0.48 万元，西部地区的数值为 0.54 万元。与 2019 年相比，东部地区下降 3%，中部地区下降 4%，而西部地区基本保持不变，西部地区显示出更高的人均财力增长。考虑到 2020 年湖北省受新冠肺炎疫情的影响最大，中部地区能够与东部地区基本保持相同的人均财政收入增长率也殊为不易。这从侧面反映出，2020年中西部地区与东部地区的人均财力差距有所缩小。

表 5-3 2020 年东中西部地区财政收入稳健指数及分项指标

指标	东部地区	中部地区	西部地区
财政收入稳健指数	41.6	20.4	21.8
人均财政收入（万元）	1.21	0.48	0.54
税收收入占比	76.3%	70.0%	67.2%
大税占比	63.3%	56.6%	59.4%
土地财政依赖度	75.3%	83.6%	66.6%

注：此处的人均财政收入未剔除价格因素。

东中西部的税收收入占比分别为 76.3%、70.0% 和 67.2%，均较 2019 年有所下降，且西部地区下降幅度最大，东部地区下降幅度最小。东中西部的大税占比分别为 63.3%、56.6% 和 59.4%，该指标也同样呈现出西部地区下降幅度最大而东部地区下降幅度最小的特点。这说明中西部地区的财政收入结构较东部地区更不稳定，这既可能是中西部地区的实体经济发展不如东部地区所造成的，也可能是中西部地区在税收收入的征管方面较东部地区欠佳所引起的。

东中西部的土地财政依赖度指标数值分别为 75.3%、83.6% 和 66.6%，较之 2019 年均有所上升。中部地区的土地财政依赖度仍然是三个地区中最高的，并且增长幅度最大，可能是由于中部地区受到疫情冲击最为严重，地方政府更大程度上依赖土地出让收入去稳定财力。

5.2.2 分项指标的省际对比

（1）人均财政收入。

如图 5-6 所示，在人均财政收入方面，东部省份仍然位居前列，2020 年人均财政收入最高的上海数值为 2.83 万元，较 2019 年下降了 0.06 万元。人均财政收入最低的省份为广西，为 0.34 万元，较 2019 年下降了 0.02 万元。2019 年排名最后的甘肃 2020 年排在倒数第 2 位，从 0.34 万元增加至 0.35 万元[1]。整体而言，2020 年实际人均财政收入的基尼系数为 0.318，较 2019 年有所下降。但需要注意的是，2008—2013 年实际人均财政收入的基尼系数从 0.402 大幅下降至 0.307 后，近几年这一数值不断反复，并未呈现出进一步下降的趋势，说明地区间财力不均衡和经济发展不平衡现象仍然突出[2]。

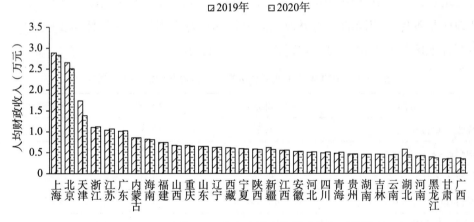

图 5-6 2019 年和 2020 年各省份人均财政收入对比情况

注：此处的人均财政收入未剔除价格因素。

（2）税收收入占比。

如图 5-7 所示，在税收收入占比方面，江浙地区与北京、上海同样位居前列。浙江、北京、上海和江苏的税收收入占比较高，均超过了 80%。2020 年税收收入占比最低的省份为贵州，数值为 60.8%。

---

① 《中国各地区财政发展指数报告 2020》所报告的"人均财政收入"均为以 2008 年为基年的实际人均财政收入。本报告为了更好反映数据可得性，与年鉴原始数据相对应，如未明确说明实际值，均为未剔除价格因素的名义值所计算的结果。

② 实际人均财政收入的基尼系数为本报告利用各省份历年实际人均财政收入所计算出来的基尼素数，用以衡量全国范围内各省份人均财政收入的均等化程度，与后文第十一章的省内均等化指数不同。

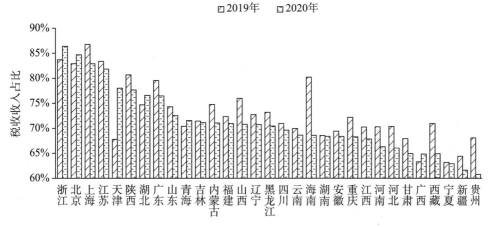

图 5-7　2019 年和 2020 年各省份税收收入占比对比情况

（3）大税占比。

如图 5-8 所示，在大税占比方面，西藏、上海和北京位居前列。西藏的大税占比超过 80%，上海、北京和天津的大税占比超过 70%。2020 年内蒙古地区的大税占比排在末尾，仅有不到 50%，中部地区和东北地区的大税占比相较 2019 年并无多大改善。

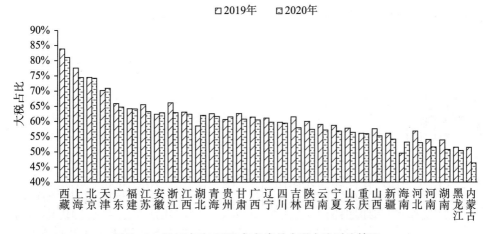

图 5-8　2019 年和 2020 年各省份大税占比对比情况

（4）土地财政依赖度。

如图 5-9 所示，2020 年，在土地财政依赖度方面，江浙地区的土地财政依赖度位居前列，湖北的土地财政依赖度位居第 3。与 2019 年相比，2020 年各省份的土地财政依赖度普遍上升，很多省份提升幅度超过了 20 个百分点。

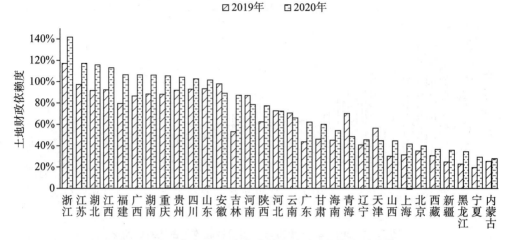

图 5-9　2019 年和 2020 年各省份土地财政依赖度对比情况

5.2.3　各省份财政收入稳健指数排名

　　根据各省份的基础数据，使用指数化的方法得到各省份 2020 年财政收入稳健指数情况，得分越高，代表财政收入越稳健。如图 5-10 和表 5-4 所示，财政收入排名居前的分别是上海、天津和北京，居于末尾的分别是贵州、广西和湖南。从时序变化上看，2020 年各省份排名与 2019 年排名变动较小。

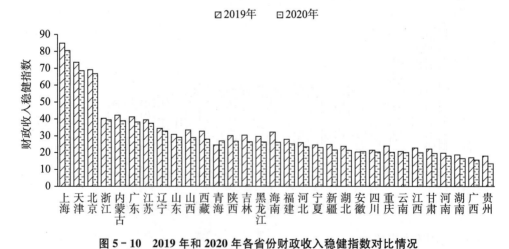

图 5-10　2019 年和 2020 年各省份财政收入稳健指数对比情况

表 5-4　2019 年和 2020 年各省财政收入稳健指数和排名

2019 年排名	省份	2019 年指数	2020 年排名	省份	2020 年指数
1	上海	86.45	1	上海	82.87

续表

2019 年排名	省份	2019 年指数	2020 年排名	省份	2020 年指数
2	天津	80.20	2	天津	70.83
3	北京	69.65	3	北京	66.35
4	内蒙古	41.63	4	内蒙古	39.21
5	广东	38.55	5	广东	36.29
6	浙江	37.03	6	浙江	35.51
7	江苏	35.87	7	江苏	34.32
8	辽宁	33.02	8	辽宁	31.91
10	山西	30.85	9	山东	27.87
11	西藏	30.75	10	山西	27.57
9	山东	29.10	11	西藏	27.44
13	吉林	28.94	12	海南	25.28
12	海南	28.41	13	吉林	24.99
15	黑龙江	27.43	14	青海	24.84
16	福建	25.98	15	黑龙江	24.71
18	陕西	25.64	16	福建	23.64
20	新疆	24.66	17	河北	23.13
17	河北	24.58	18	陕西	23.07
19	宁夏	24.50	19	宁夏	23.03
14	青海	22.52	20	新疆	21.90
22	重庆	21.70	21	安徽	18.89
23	江西	20.76	22	重庆	18.84
27	湖北	20.57	23	江西	18.58
24	甘肃	20.28	24	甘肃	18.43
25	四川	19.08	25	四川	18.42
26	云南	18.37	26	云南	18.00
21	安徽	18.35	27	湖北	17.27
28	河南	17.45	28	河南	16.79
29	湖南	16.90	29	湖南	14.72
30	广西	16.46	30	广西	14.56
31	贵州	16.01	31	贵州	13.34

5.3　财政收入稳健指数小结

2020 年，受到新冠肺炎疫情的冲击，我国平均的财政收入稳健指数相较于 2019 年有较大回落，各省份的财政收入在数量和质量上都存在不同程度的下降。经济增速下降与新冠肺炎疫情相叠加，给我国的财政收入带来较大的压力，在财政收入总额增速放缓的情况下，原本就存在的财政收入结构恶化的问题进一步凸显出来，地区财政的税收收入占比和大税占比持续下降，土地财政依赖度不断攀升，这些现象表明财政收入稳健化的推进还需要不断努力。

新冠肺炎疫情对实体经济的冲击加剧了地方财政收入所面临的压力，未来几年，经济发展可能都会受到疫情影响，这给与财政收入相关的政策提出了新的课题。

应提高财政收入政策对疫情以及其他冲击的免疫程度。2020 年的新冠肺炎疫情给地方财政带来巨大的压力：一方面，新冠肺炎疫情会直接对实体经济产生影响，而实体经济是地方财政收入最为主要的来源；另一方面，抗疫形势要求地方政府加大公共卫生以及其他相关方面的投入。收支两方面的影响会直接导致地方财政压力加剧。如何降低疫情对地方财政收入产生的负面影响，保障地方正常提供公共服务以及加大在特定领域的财政支出力度，是提高财政收入稳健性必须要参考的因素。

应协调好收入端减税降费激励的力度与地方财政收入稳定性之间的关系。新冠肺炎疫情的影响并非一朝一夕，可能未来几年中都会对我国经济发展产生不利影响。加速经济复苏，抵消疫情带来的不利冲击，无疑需要财政在收入端的减税降费为经济微观主体注入活力。然而在短期中，这些减税措施可能会导致地方财政收入进一步缩水，造成地方政府从其他方面汲取收入，导致事实上减税降费效果的削减。就目前来看，我国在这方面的举措是注意到了这一问题的。2020 年，我国出台的税收减免措施主要是针对防疫相关物品和行业，支持复产复工的税收优惠也呈现出阶段性特征，同时，非税收入的增长与经济发展速度相当，反映出税收收入的下降并未导致"以费替税"。未来，相应的税收优惠政策应随着疫情形势的变化而加以调整。同时一般性的减税降费措施应更呈现出结构性特征，减税降费应更具针对性，重点加大对创新创业、产业链升级相关方面的减税。

第六章 财政支出优化指数

本部分对地方财政支出优化指数进行介绍，该指数由 8 个分项指标构成，包括人均财政支出，以及教育支出、医疗支出、社会保障支出、科技支出、环保支出、行政管理支出、投资性支出等 7 项支出占比。分项指标的定义及权重见表 6-1。

表 6-1 财政支出优化指数分项指标构成

指标名称	指数方向	权重	指标类别	定义
2. 财政支出优化指数		**100%**	**方面指数**	
2a 人均财政支出	正向	30%	分项指标	一般公共预算支出/人口（剔除价格因素）
2b 教育支出占比	正向	10%	分项指标	教育支出/一般公共预算支出
2c 医疗支出占比	正向	10%	分项指标	医疗支出/一般公共预算支出
2d 社会保障支出占比	正向	10%	分项指标	就业和社会保障支出/一般公共预算支出
2e 科技支出占比	正向	10%	分项指标	科技支出/一般公共预算支出
2f 环保支出占比	正向	10%	分项指标	节能环保支出/一般公共预算支出
2g 行政管理支出占比	负向	10%	分项指标	一般公共服务支出/一般公共预算支出
2h 投资性支出占比	负向	10%	分项指标	固定资产投资资金来源中的"国家预算资金"/一般公共预算支出

原始数据均来自历年《中国统计年鉴》。一般公共预算支出及具体各项支出口径均为地方政府本级。

指标 2a～2f 均为正向指标。指标 2a 代表人均财政支出，使用 GDP 价格平减指数折算为 2008 年不变价格，可以反映支出总量的提升。其余指标均是财政支出结构性指标。其中，2b、2c 和 2d 代表的是以教育、医疗和社会保障支出为典型代表的财政民生性支出占比。指标 2e 是科技支出占比，反映政府在支持科技创新方面的投入力度。指标 2f 是环保支出占比，体现了财政对绿色发展和生态文明体系的支持。以上指标均为正向指标，政府的该类支出在财政支出中的占比越高，分项指标的得分越高。

指标 2g（行政管理支出占比）和 2h（投资性支出占比）则为负向指标，该类支出在财政支出中的占比越高，分项指标的得分越低。值得注意的是，2007 年我国财政支出分类方式改革后，行政管理费这一支出门类已经取消，我们用一般公共服务支出占比反映行政管理支出占比（指标 2g）。因为在现行的分类方式中，一般公共服务支出是行政管理费的主体部分[①]。尽管在一般公共服务之外，其他支出类别当中也包含着一部分相关行政机关的行政管理费（例如教育支出当中实际包含教育行政机关的行政管理费），但是这部分金额较小，而且数据不可得，因此我们仍选用一般公共服务支出衡量行政管理支出。指标 2h 衡量的是财政投资性支出倾向，理论上来讲，分子固定资产投资资金来源中的"国家预算资金"包含了一般公共预算、政府性基金预算、国有资本经营预算等三本账上的资金，分母不应使用一般公共预算支出，应使用全口径的地方财政支出。但是由于一般公共预算支出的跨时间稳定性更高，分母选用一般公共预算支出能够更好地反映出财政资金的投资倾向。

6.1 财政支出优化指数的平均趋势

6.1.1 方面指数的平均趋势

图 6-1 显示，2008—2020 年我国财政支出优化指数基本呈现上升态势，从 2008 年的 26.10 分增长至 2020 年的 42.12 分。从增长速度来看，除 2012—2013 年无增长外，其余年份的增速基本保持稳定。

财政支出优化指数的上升，除了体现经济增长驱动人均财政支出规模增长以外，更说明了我国的财政支出结构正在不断优化，教育、医疗等民生性支出以及科技、环保等正向指标在支出中的占比不断扩大，而行政管理以及投资性支出的

---

① 一般公共服务支出包括人大事务、政协事务、政府办公厅（室）及相关机构事务、发展与改革事务、统计信息事务、财政事务、税收事务、审计事务、海关事务、人力资源事务、纪检监察事务、商贸事务、知识产权事务、民族事务、港澳台事务、档案事务、民主党派及工商联事务、群众团体事务、党委办公厅（室）及相关机构事务、组织事务、宣传事务、统战事务、对外联络事务、其他共产党事务、网络事务、市场监督管理事务以及其他一般公共服务支出。

比重逐渐下降，财政支出的民生性特征不断显现，财政支出职能的发挥更加适应社会与民生的需求，侧面说明了我国地方政府职能不断优化、财政支出不断提质增效。

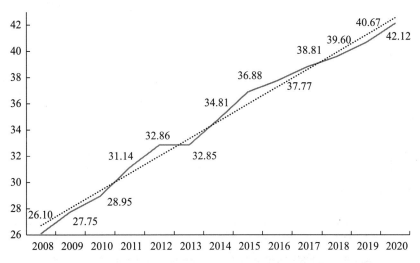

图 6 - 1　2008—2020 年各省份财政支出优化指数平均值的变动趋势

6.1.2　分项指标的平均趋势

虽然财政支出优化的总指数呈现稳步上升趋势，但分项指标在 2008—2020 年的变动趋势却呈现了不同的特点。各类分项指标的平均变动趋势呈现在图 6 - 2 至图 6 - 6 中。

图 6 - 2 绘制了人均财政支出在 2008—2020 年的平均变动趋势。与方面指数变动趋势类似，人均财政支出也呈现了近乎线性的平稳的增长趋势，从 2008 年的人均 0.47 万元增长到 2020 年的人均 1.62 万元，提升了约 2.45 倍，这体现了在我国经济和整体财力不断增长的背景下，地方政府财政支出规模不断扩大，地方政府承担事权与支出责任方面的能力也不断增强。值得注意的是，2020 年人均财政支出的增长有所放缓，这与新冠肺炎疫情对财政收支规模的冲击有关。

作为财政履行社会职能的重要方面，满足社会公共需求、保障民生、提升居民总体福利的财政民生性支出愈加受到政府重视，财政支出的"温度"也得到提升。教育支出占比、医疗支出占比与社会保障支出占比变动情况呈现在图 6 - 3 中，柱状图体现了三类主要民生性支出的总占比，可以看出，三类民生性支出占比先是在 2008—2010 年经历了三年的下降，接着从 2011 年开始，逐步波动上升至 2017 年的 37.98%，2016—2019 年稳定在 37%～38% 之间。2020 年初，新冠肺炎疫情暴发，严重威胁了我国居民的生命安全，为了抗击疫情，我国地方政府医疗卫生支出明显增加，三类民生性支出总占比骤然提高，一年内增长了2.33个百分点。

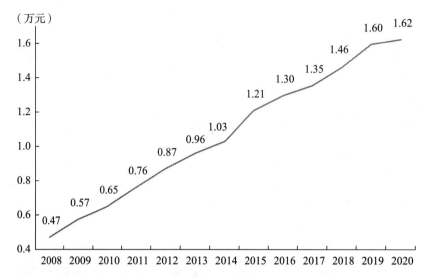

图6-2 2008—2020年各省份人均财政支出平均值的变动趋势

图6-3 2008—2020年各省份财政民生性支出占比的变动趋势

注：财政民生性支出主要包含教育、医疗和社会保障支出。

虽然民生性支出总体呈现上升趋势，但在2019年以前教育、医疗与社会保障支出三者之间基本存在着互补的变动趋势。2012年之前，教育支出占比逐渐升高，而医疗与社会保障支出的占比相对降低。但在2012年之后，医疗支出比重迅速提升，社会保障支出比重小幅提升，教育支出却表现出下降趋势。2012年义务教育、高等教育、职业教育以及学生资助的财政支持教育政策不断出台，教育支出比重达到峰值，此后逐步减少。而在2020年之前，医疗支出比重的增长趋势基本稳定。对于社会保障支出，2009—2012年其所占支出比重逐步下降，此后经过不断改革，至2017年，社会保障支出又逐渐恢复到2008年的支出水平，2017—2019年增速有所放缓，但仍稳定在13%~14%之间，2020年社会保障支出占财政支出比重大幅提升，突破15%。社会保障支出比重的改革一方面体现出政府对保障民生的重视，另一方面也反映出我国人口老龄化等问题恶化，值得重视。

图6-4中展示科技支出所占比重在2008—2020年的变动情况，除部分年份（2011年、2015年和2020年）出现小幅下降外，科技支出主要表现出增长趋势。但比重的绝对量却不是很高，目前最高仅占2.35%，与发达国家支出比重相比，我国财政对科技的扶持力度还有待加强。

我国的环保支出占比变动情况也表现在图6-4中，所占比重主要在2.76%~3.44%之间波动，不仅比重较低，而且反复波动。这在一定程度上反映出我国在环境治理方面存在缺乏持久性、费用调整频繁等问题，这一现象可能与地方政府财力有限有关。2020年我国的地方政府环保支出占比大幅下降，与财政资金更需用于保障民生有关。

图6-4 2008—2020年各省份平均科技支出与环保支出占比的变动趋势

近年来，我国对各级政府的行政管理费用支出进行了严格的改革与管理，例如减少"三公"经费支出、加强预算管理、增加预算约束、强化监督机制等，改革成效显著。如图6-5所示，2008—2020年，我国行政管理支出占比持续下降，从15.25%下降到 8％左右，几乎减少了一半，尽管 2016—2018 年间行政管理费用支出占比有微幅上升，但仍未超过 9％，维持在较低水平。这一成效节约了我国大量的财政资金，为增加其他方面的财政支出提供了空间，逐步改善了"吃饭财政"的不良状况。

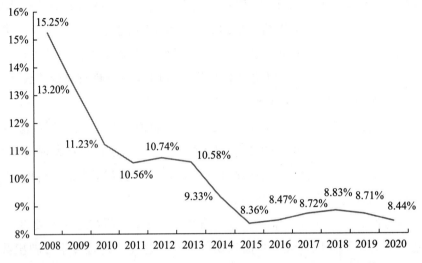

图 6 - 5　2008—2020 年各省份平均行政管理支出占比的变动趋势

　　图 6 - 6 呈现了 2008—2020 年投资性支出占比的变动情况，我们选用固定资产投资资金来源中的"国家预算资金"的部分作为财政投资支出的衡度。我国的投资性支出占一般公共预算支出的比重由 2011 年的 17.64％上升到 2016 年的 25.36％，此后又逐步下降到 2019 年的 20.69％，这一过程可以在一定程度上反映出我国地方财政正从"吃饭财政"转变为"建设财政"，继而逐步向"民生财政"转变，从而

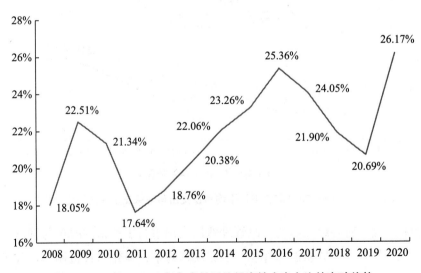

图 6 - 6　2008—2020 年各省份平均投资性支出占比的变动趋势

更好地发挥公共财政职能。但在 2020 年我国地方政府平均的投资性支出占比却明显增加,占比规模为近 13 年最高。这显示 2020 年在稳增长的压力下,地方政府加大了财政投资的力度。

6.2 财政支出优化指数的省际比较

6.2.1 东中西部地区的对比

从 2020 年东中西部各项财政支出所占比重的对比情况看(见图 6-7),各地区财政支出结构既有相似性也存在着显著差异。东部地区的教育支出占比(16.72%)与科技支出占比(3.51%)最高,说明东部地区更加重视人力资本的积累以及生产率的提高。西部地区的行政管理支出占比最高,这与西部地区财力较为薄弱,财政支出相当一大部分需要保机构运转有关。同时,西部地区的政府投资性支出占比达到了 31.20%,远远超出中部和东部地区,这与西部地区经济发展落后,基础设施等投资建设性支出亟须增加的状况相符合,但第七章债务数据显示西部地区存在较高的债务率,因此也反映了西部地区存在较强的负债发展、负债扩大投资的冲动。中部地区的社会保障、医疗与环保支出占比均高于西部与东部地区,社会保障支出占比达到 17.07%,医疗支出占比达到 9.28%,环保支出占比达到 3.29%,而投资性支出占比在三大地区中最低。

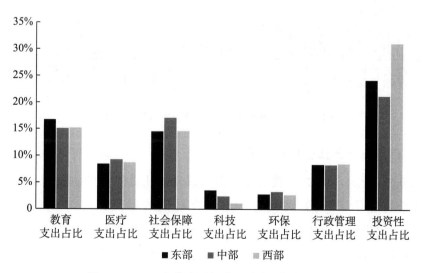

图 6-7 2020 年东中西部地区财政分项支出占比

6.2.2 分项指标的省际对比

1. 人均财政支出

图 6-8 反映了 2019 年与 2020 年人均财政支出分省份排名以及增长情况。2020 年安徽的人均财政支出的水平值最低，仅 0.86 万元。人均财政支出排名前 3 的省份依次为西藏、天津与青海，这与 2019 年的前 3 名一致。我国人均财政支出呈现出两头高中间低的分布趋势，即西部经济较落后地区与东部经济较发达地区人均财政支出均偏高，而中部大部分省份人均财政支出较低。由于我国西部地区人口分布呈现出密度较低的特点，公共服务与管理的成本相对较高，因此人均财政支出份额较高。从增长情况来看，与 2019 年相比，仅天津、贵州、北京、西藏、重庆、浙江、上海、广东 8 个省份的人均财政支出有所下降，其中天津的人均财政支出下降最多，降幅达到 10%；其他 23 个省份的人均财政支出都出现了不同程度的增加，其中黑龙江增幅最大，提高了 12%。

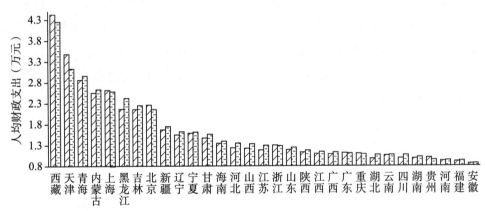

图 6-8 2019 年和 2020 年各省份人均财政支出

2. 教育、医疗和社会保障支出占比

如图 6-9 所示，2020 年教育支出占财政支出比重较高的省份为山东、广东和福建，比重超过了 19.78%，教育支出比重最低的是黑龙江，2020 年比重仅有 10.32%，占比规模仅有山东的一半。与 2019 年相比，教育支出占比下降的省份有黑龙江、青海、河北、山西、湖北、四川、甘肃、广西、湖南和江苏，其中黑龙江下降最多，降低了 0.75 个百分点，这可能是因为地方政府财力有限，其他支出对教育有所挤出。

☑2019年 ☐2020年

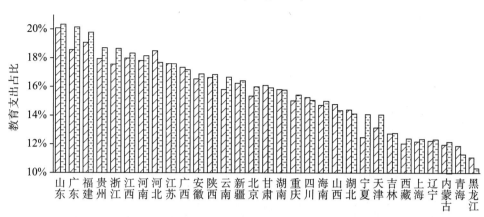

图6-9 2019年和2020年各省份教育支出占比

如图6-10所示，由于新冠肺炎疫情的影响，除江西外，2020年各省份医疗支出比重相比于2019年均有所增长。湖北增幅最高，增加了4.57个百分点。新疆次之，增加了2.9个百分点。2020年各省份横向比较，湖北医疗支出比重最高，达到12.08%。

☐2019年 ☐2020年

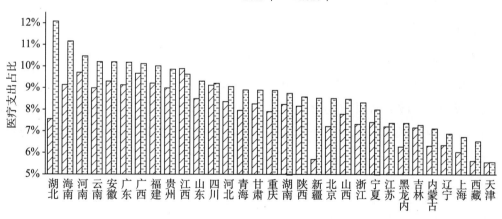

图6-10 2019年和2020年各省份医疗支出占比

如图6-11所示，东北三省以及川渝地区社会保障支出占比较高。这些地区作为老工业基地，退休职工人数较多，因此社会保障支出占比较高也符合实情。与2019年相比，除上海负向增长外，其他省份的社会保障支出占比都有所提高，其中贵州、西藏与江苏的增长率最高，支出与2019年相比依次提高了19.4%、17.3%与15.5%，占比水平值依次提高了1.92、1.24和1.74个百分点。同时，东北三省的社会保障压力也持续增加，社会保障支出的占比平均提高了2.58个百分点，反映了这些地区老龄化程度的进一步提升。

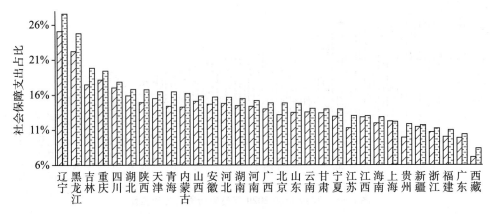

图 6-11　2019 年和 2020 年各省份社会保障支出占比

综合民生性支出占比来看，东北三省的教育支出占比与医疗支出占比相对其他省份都极低，但社会保障支出占比却最高，说明东北三省地方政府因经济增长动力衰竭，尽管已经财力紧缺，但仍要承担沉重的社会保障压力，其下一步的财政收支状况和经济社会发展态势值得关注。

3. 科技支出占比

各省份政府对科技发展的重视程度以及资金的投入水平与当地经济状况直接相关，人均 GDP 较高的省份既有进一步发展科技的需求，也有投资科技发展的财力。因此，我国地方政府对科技的财政支出占比与人均 GDP 呈显著的正向相关关系。从图 6-12 中也可以看出，2020 年科技支出占比前三名的省份依次为北京、广东与

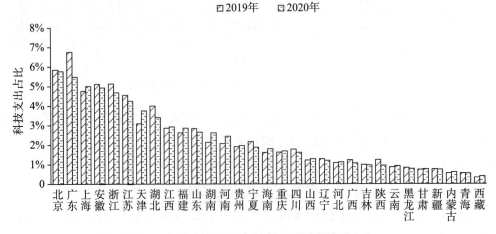

图 6-12　2019 年和 2020 年各省份科技支出占比

上海，而科技支出占比最后的 3 个省份为西藏、青海与内蒙古。相比于 2019 年，2020 年超过一半的省份科技支出占比都出现了下降，广东下降幅度最大；湖南、西藏和天津的科技支出占比上升幅度最大，这可能与地方政府当年的发展战略以及特殊的政策有关。

4. 环保支出占比

2020 年，我国地方政府环保支出占比与经济发展水平之间没有非常显著的正向关联。如图 6 - 13 所示，河北、山西、黑龙江等北方以及传统工业省份的环保支出比重较高，占财政支出的 3%～6%，而新疆、广西、西藏等省份的环保支出却较低，这可能是由于这些地方环境污染水平低或环境保护成本较低。值得关注的是，与 2019 年相比，2020 年天津环保支出占比下降了 4.89 个百分点，这与《2020 年天津市生态环境状况公报》显示的"2020 年，全市单位 GDP 碳排放强度预计累计下降超过 22%，超额完成国家下达的 20.5% 目标要求"情况一致。同时，2020 年仅有甘肃、青海、重庆、山西、江西和西藏 6 个省份的环保支出占比相比于 2019 年有所增长，一方面可能是财力紧张大幅压缩了环保支出，另一方面也可能是因新冠肺炎疫情停工停产使污染治理的需求下降所导致。

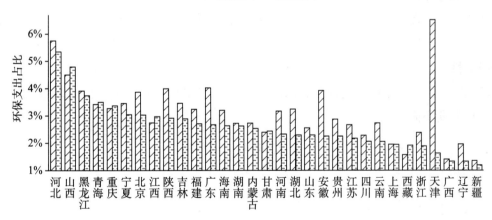

图 6 - 13　2019 年和 2020 年各省份环保支出占比

5. 行政管理支出占比

如图 6 - 14 所示，2020 年我国大部分省份行政管理支出占比较 2019 年有所下降，仅山东、广东、吉林、海南、西藏、上海、青海、浙江、内蒙古、北京和天津的行政管理支出占比有所提高，其中天津提高最多，与 2019 年相比增加了 0.65 个百分点。横向比较来看，2020 年行政管理支出占比前 3 的省份依次是西藏、广东与浙江，均超过了 10%，上海占比最低，仅为 4.6%。行政管理支出一方面与地方政府的行政效率有关，另一方面也与地区人口的多少、行政管理事务的复杂程度高低等多种因素有关。

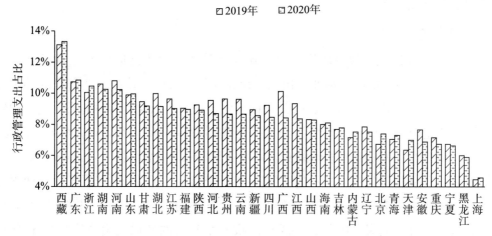

图 6－14　2019 年和 2020 年各省份行政管理支出占比

6. 投资性支出占比

我们选用固定资产投资资金来源中的"国家预算资金"的部分作为财政投资支出的衡度。如图 6－15 所示，2020 年，投资性支出占比最高的省份是新疆，达到了 67.58%。最低的是辽宁，仅占 6.57%。纵向对比看，与 2019 年相比，大多数省份的投资性支出占比有所提升，其中，云南、新疆和海南提升最多，分别为 34.3、33.7 和 19.7 个百分点，仅青海、西藏、吉林、湖北和江西 5 个省份财政性投资支出占比有所下降。

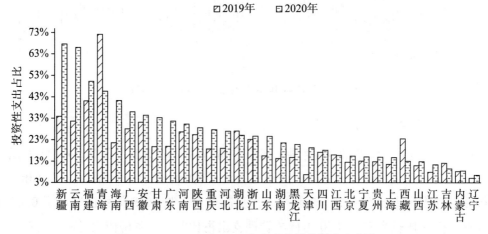

图 6－15　2019 年和 2020 年各省份投资性支出占比

6.2.3 各省份财政支出优化指数的排名

图 6-16 反映了 2020 年中国各省份财政支出优化指数由高到低的排列以及与 2019 年财政支出优化指数的对比情况。不同地区经济发展的阶段不同，财政支出的侧重点也不同，因此指数的大小以及变动情况不仅反映出政府的支出结构和支出职能，更体现了地区的经济与社会发展情况。2019 年与 2020 年各省份的财政支出优化指数排名及具体得分情况如表 6-2 所示。

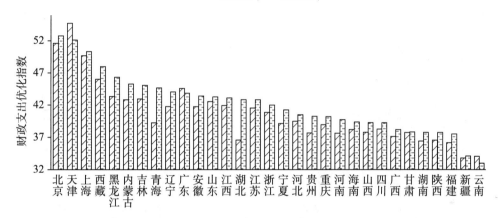

图 6-16 2019 年和 2020 年各省份财政支出优化指数

就横向截面来看，2020 年北京财政支出优化指数最高，但与第 2 名间相差不大。云南的财政支出优化指数得分最低，仅有 32.99 分。其余各省份的得分较为均匀地分散在 42 分左右。

从 2019—2020 年各省份排名变动情况来看，北京超越天津成为财政支出优化指数得分第 1 名，上海、西藏、吉林、宁夏、广西和福建 6 个省份的排名未发生变动，14 个省份的排名出现了下降，其余 11 个省份的排名上升。四川和广东排名下降最多，均下降了 5 名。湖北上升最快，从 2019 年的第 26 名上升到了 2020 年的第 14 名，排名提高了 12 位。青海提高了 8 名，贵州提高了 4 名，而甘肃降低了 4 名。山东、江西和河北降低了 3 名，江苏、浙江、重庆、海南和山西 5 个省份各降低了 2 名，天津、陕西与云南则只下降了 1 名。北京、黑龙江、安徽、湖南和新疆各上升了 1 名，内蒙古和辽宁上升了 2 名，河南上升了 3 名。可以看出，除北京外，排名上升的省份均为中西部省份，说明中西部地区的财政支出结构得到了进一步优化。

表6-2 2019年和2020年各省份财政支出优化指数和排名

2019年排名	省份	2019年指数	2020年排名	省份	2020年指数
1	天津	54.74	1	北京	52.76
2	北京	51.60	2	天津	52.11
3	上海	49.67	3	上海	50.32
4	西藏	46.02	4	西藏	47.98
5	广东	44.59	5	黑龙江	46.33
6	黑龙江	43.35	6	内蒙古	45.27
7	吉林	42.97	7	吉林	45.07
8	内蒙古	42.84	8	青海	44.68
9	山东	42.55	9	辽宁	44.05
10	江西	41.92	10	广东	43.85
11	辽宁	41.76	11	安徽	43.41
12	安徽	41.74	12	山东	43.28
13	江苏	41.53	13	江西	43.12
14	浙江	40.86	14	湖北	42.85
15	河北	39.48	15	江苏	42.84
16	青海	39.24	16	浙江	41.98
17	宁夏	39.14	17	宁夏	41.24
18	重庆	38.95	18	河北	40.48
19	四川	38.27	19	贵州	40.25
20	海南	38.20	20	重庆	40.17
21	山西	37.77	21	河南	39.73
22	甘肃	37.74	22	海南	39.37
23	贵州	37.67	23	山西	39.26
24	河南	37.62	24	四川	39.26
25	广西	37.13	25	广西	38.19
26	湖北	36.58	26	甘肃	37.82
27	陕西	36.55	27	湖南	37.76
28	湖南	36.42	28	陕西	37.75
29	福建	36.17	29	福建	37.51
30	云南	34.07	30	新疆	34.12
31	新疆	33.80	31	云南	32.99

6.3　财政支出优化指数小结

　　总体来看，我国近几年的地方政府财政支出结构得到了明显优化，财政支出优化指数持续增长，说明地方政府在履行职能、承担事权与支出责任方面的能力不断提高，地方政府财政支出效率不断提高。从分项指标来看，我国人均财政支出规模不断扩大。教育、医疗和社会保障这三类民生性支出的比重稳步提升，社会保障支出比重明显提高，一方面说明我国地方政府为提高民生福利持续努力，另一方面也说明我国人口老龄化等问题日趋严重。科技支出与环保支出的比重虽存在提高的趋势，但所占比重依然较低。行政管理支出占比显著下降，且稳定在一个较低水平，"吃饭财政"的情况大为改观，为经济建设以及提高民生福利提供了财力空间，但仍有提高的空间。投资性支出的比重在近几年有了显著的下降趋势，"建设财政"的色彩逐渐减弱，我国总体的财政支出结构正在积极地向扶持民生、提高居民总体福利方向发展。2020 年新冠肺炎疫情暴发，给我国人民的生命与财产安全带来了严重威胁，影响了日常的生活起居与经济活动，对我国地方政府的财政支出活动也产生了重大影响。我国地方财政支出优化指数与人均财政支出规模的增长有所放缓，教育、医疗与社会保障 3 项民生性支出占比在 2020 年大幅增长，医疗支出占比与社会保障支出占比尤其明显。科技支出与环保支出被挤出，投资性支出占比达到近年最高。

　　结合财政支出优化指数分析结果，本报告提出以下几条建议：

　　第一，近年来，在大规模减税降费举措下，财政收支矛盾加剧，财政支出节流力度加大，尤其是压缩行政管理费用取得了很大的成效。尽管一般性支出的压缩空间日益缩小，但是我们认为严控一般性支出增长，严控"三公"经费预算，取消低效无效支出应该久久为功、毫不松懈，防止一般性支出的反弹。部分省份的行政管理支出比重仍然较高，应该继续淡化"吃饭财政"的色彩，压缩以"三公"经费为代表的行政管理经费，将更多的财政资金用于改善和保障民生。要加强部门预算执行约束力和审计监督力度，确保把钱用在刀刃上。同时，地方政府应当结合自身需要与特点精简政府机构，而不是直接对应中央政府的机构设置。

　　第二，我国政府在中长期之内还存在大量无法缩减的刚性支出，主要表现在以下两个方面：首先，促进社会公平、保障基本民生的财政支出要只增不减。例如近年来强化脱贫攻坚、乡村振兴、社会保障等重点领域支出保障：2020 年中央财政补助地方专项扶贫资金达到 1 461 亿元，与 2019 年相比增长 15.9%。2020 年政府社会保障与就业支出达到 32 568.51 亿元，比 2019 年增长 11.06％。2020 年已出台延长大龄失业人员领取失业保险金期限、阶段性实施失业补助金、提高价格临时补贴标准等失业人员帮扶措施，进一步增加了失业保险支出，提高了社会保障支出所占比重。其次，我国人口老龄化程度持续加深，医疗保障与养老金可持续性面对较大压力。2020 年中国 65 岁以上人口达 1.91 亿人，占到总人口的 13.5％，这一比重在未来二十年中仍会持续走高，财政支出需为应对老龄化预留政策空间。

第三，我国地方政府的科技投入比例依然较低，有待进一步提高。民生性支出的比重有所提高，但仍需进一步改善和提高。环保支出的比重也有待稳步提升，从而发展可持续的"绿色财政"。

第四，对于西部地区过高的财政投资性支出以及人均财政支出，要进行进一步的效益评估，防止过度投资与重复建设，也防止因投资而出现过高的债务负担，带来风险与危机。应该注意的是，相当多的基建投资支出并不反映在财政账本当中，而是反映为地方城投公司的企业投资，但由于是地方政府主导建设，且很多缺乏盈利性，由此形成了地方隐性债务问题。我们建议，基建投资项目在上马前应进行严格的成本收益测算，加强事前审计，防止过度投资与过于超前的投资。在人口聚集的城市群，教育、医疗、轨道交通等基础设施短缺问题严重，因此，这些地区要加大投资规模。而对于人口流出地区，基建需求相对较弱，要减少不必要的投资项目，避免资金浪费。

第五，进一步加强市场在配置资源中的决定性作用，减少政府对市场的过多干预。财政的功能定位逐步确立为提供公共服务，但是仍然存在很多"越位"现象。政府和其下属的众多国有企业、事业单位也承担了很多本应由市场承担的责任，成了财政支出的一项重要负担。优化财政支出结构的一个重要方向是，发挥市场在资源配置中的决定性作用，合理确定政府与市场的边界。（1）要引导鼓励私人进入某些传统的公共服务领域，减少政府在很多支出项目上的直接负担。例如，在高等教育、医疗、文化、体育、传媒等领域，应该鼓励民间资本进入。有些事业单位可以考虑走向市场。在基础设施和市政公用事业设施上，应支持民间资本以 PPP 等模式参与建设。（2）应进一步深化"放管服"改革，充分实现"简政放权"，取消下放行政审批等事项，确立企业投资主体地位。政府对企业投资仅集中于必要性的监管，例如确立节能节地节水、环境、技术、安全等方面的市场准入标准。（3）减少地方政府各类隐性补贴。我国目前财政补贴项目名目繁多，数额较大，不仅扩大了财政支出规模，而且还有损于公平竞争，造成资源配置低效率。部分地方政府大量采用财政直补、融资便利、要素（低价土地等）支持等直接或间接补贴方式，实现招商引资、上项目、发展产业的目的。部分资金用于扶持本地产业发展，以补贴之名行保护本地企业、阻碍公平竞争之实。这些行为阻碍了全国统一市场的形成，不利于发挥市场在资源配置中的决定性作用。需加强财政补贴审批制度建设，公开透明申报名单和审批负责人，将补贴从灰色地带转到光明之下，接受大众监督。强化产业政策退出机制，使得产业补贴只起到产业发展风向标的作用，而非窃取公共利益之源。政府在利用补贴手段引导经济发展的同时，应严格遵守财政纪律的底线。

第七章　债务可持续指数

本部分介绍地方债务可持续指数，该指数由显性债务率、隐性债务率和广义债务率等 3 个指标构成。债务可持续指数分项指标的具体说明如表 7-1 所示。

表 7-1　债务可持续指数分项指标构成

指标名称	指数方向	权重	指标类别	定义
3. 债务可持续指数		**100%**	**方面指数**	
3a 显性债务率	负向	33.3%	分项指标	地方政府一般债券与专项债券余额之和/GDP
3b 隐性债务率	负向	33.3%	分项指标	地方城投公司的有息债务余额/GDP
3c 广义债务率	负向	33.3%	分项指标	显性债务率+隐性债务率

债务可持续指数的 3 个分项指标均为存量指标，从三个不同的层次反映了地方政府债务风险。显性债务率以地方政府债券余额为分子、地方政府的经济实力（GDP）为分母计算得出，2015 年起中央开始允许地方政府自行发行债券，包括一般债券和专项债券，实际上是狭义的、显性的地方政府债务，该指标反映的是地方政府负有偿还责任的负债水平。由于财政部自 2016 年起才公开地方政府显性债务数据，该指标在 2015 年及之前空缺。除显性债务外，各地方政府还会在法定政府债务限额之外直接或承诺以财政资金偿还等方式举借债务，这部分债务被称为隐性债务，在本报告中使用地方城投公司的有息债务余额来衡量，并以该余额为分子、GDP 为分母计算得到各地方政府的隐性债务率。将显性债务率和隐性债务率加总得到债务可持续指数的第 3 个分项指标——广义债务率，由于 2015 年及之前显性债务率的缺失，该指标从 2016 年起开始统计。

上述 3 个指标均为负向指标，债务率越高，说明该地方政府的债务可持续性越差，债务可持续指数就越低。债务可持续指数总分为 100，3 个指标的比重各为 33.3％①。由于显性债务率和广义债务率从 2016 年起才可获取，因此本部分指数计算以 2016 年为基期；为了使指数保持相对稳定，在 2015 年及之前，将隐性债务率的比重调整至 100％。

债务可持续指数的数据中，地方政府债券余额数据来自财政部网站，地方城投公司的有息债务余额来自 Wind 数据库，其余数据来自《中国统计年鉴》②。

7.1　债务可持续指数的平均趋势

本节对我国 2008—2020 年债务可持续指数的平均变动趋势进行分析。

7.1.1　方面指数的平均趋势

图 7-1 展示了债务可持续指数的平均趋势。2008—2020 年，我国债务可持续指数整体呈下降趋势，从 2008 年的 87.72 分下降至 2020 年的 60.13 分。除 2011 年债务可持续指数同前一年相比基本持平以及 2016 年债务可持续指数有一定的上升外，其余年份均有不同程度的下降，尤其是 2009 年、2014 年和 2020 年，债务可持续指数下降均超过 4 分。债务可持续指数的不断下降，说明我国地方政府所面临的债务风险不断升高，财政可持续性压力不断上升。

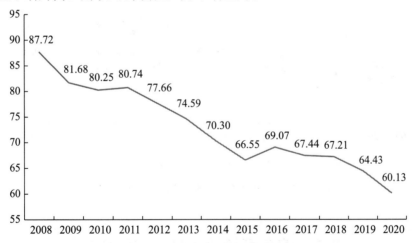

图 7-1　2008—2020 年各省份债务可持续指数平均值的变动趋势

---

① 自 2021 年开始，本报告修改了债务可持续指数 3 个指标的权重，并对之前的指数进行了相应的调整。

② 需要说明的是，由于 Wind 数据库从 2021 年开始停止更新中债标准的城投债数据，因此本部分从 2021 年开始使用 Wind 标准的城投债数据，并对之前的指数进行了相应调整。

7.1.2 分项指标的平均趋势

图 7-2 是 2008—2020 年 31 个省份平均债务率的变动趋势图。由于数据的缺失，显性债务率和广义债务率均从 2016 年开始统计。从图 7-2 可以看出，2008—2020 年间各省份平均隐性债务率总体呈上升趋势，从 10.76％增长至 36.18％。隐性债务率在 2009 年上升最为明显，同前一年相比上升了 5.29 个百分点，自 2011 年起各省份平均隐性债务率呈现出稳步上升的趋势，2018 年隐性债务率有所回落，之后仍保持稳定增长，并在 2020 年达到最大值 36.18％。2016—2020 年各省份平均显性债务率呈稳步上升趋势，在 2020 年达到最高值 33.01％，其中 2020 年的上升趋势最为明显。各省份平均广义债务率呈现出稳定增长的趋势，近 5 年的平均广义债务率保持在 61％左右，在 2020 年达到最高值 69.20％。无论是采用狭义还是广义的口径来衡量地方政府的负债水平，结果都显示地方政府债务率明显上升，债务可持续性日益严峻。

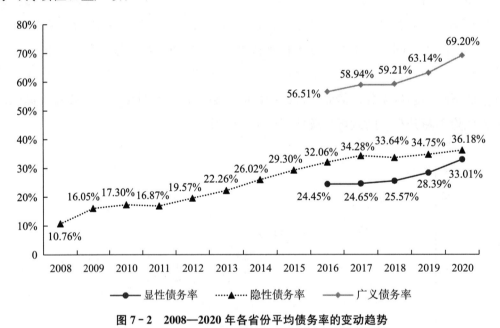

图 7-2　2008—2020 年各省份平均债务率的变动趋势

7.2　债务可持续指数的省际比较

本部分主要分析我国 2019 年和 2020 年各省份的数据，从显性债务率、隐性债务率和广义债务率 3 个分项指标出发，分析不同省份的债务可持续情况，并对比

2019年和2020年各指标的变化。由于上述3个指标均为负向指标，因此各指标越高代表地方债务可持续性越差。

7.2.1 东中西部地区的对比

图7-3是2020年我国东中西部地区债务可持续指数各分项指标的具体情况。就显性债务率而言，西部地区的债务率最高，为41.83%，东部地区和中部地区差距不大，分别为26.31%和29.00%，东部地区的债务率相对更低；就隐性债务率而言，中部地区的债务率最低，为31.15%，西部地区最高，为40.25%，东部地区居于中间，为35.41%；就广义债务率而言，债务率从低到高分别为中部地区、东部地区和西部地区。综合各项指标，中部地区的债务可持续性最好，而西部地区的债务可持续性最差。

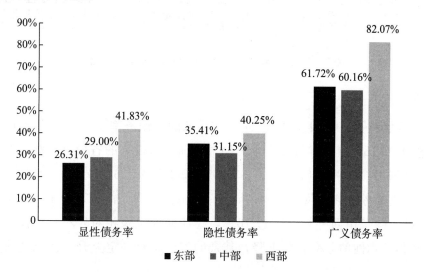

图7-3 2020年东中西部地区债务可持续指数分项指标

7.2.2 分项指标的省际对比

1. 显性债务率

图7-4展示了2019年和2020年各省份的显性债务率。2020年各省份平均显性债务率为33.01%，其中青海、贵州、内蒙古、宁夏和海南位居前5，主要是西部地区省份，显性债务率均在40%以上，分别为81.65%、61.65%、47.63%、47.43%和47.41%，这主要是由于西部地区经济基础薄弱、负债发展冲动较为严重，导致债务累积过多。显性债务率较低的省份有广东、江苏、北京、上海和河南，均未超过20%。相比2019年，2020年各省份的显性债务率整体有所增加，这

意味着各省份债务融资规模进一步扩大，还款压力继续提升。其中，涨幅最大的省份为青海，显性债务率较 2019 年提高了 10.8 个百分点，涨幅最小的省份为辽宁，显性债务率较 2019 年提高了 1.2 个百分点。

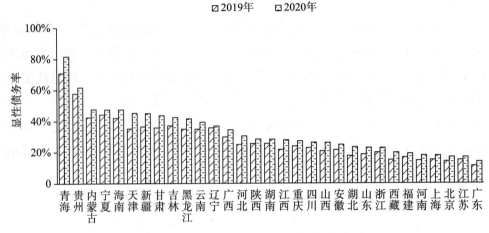

图 7-4　2019 年和 2020 年各省份显性债务率对比

2. 隐性债务率

图 7-5 展示了 2019 年和 2020 年各省份的隐性债务率。2020 年各省份平均隐性债务率为 36.18%，各省份差距十分明显。债务率较高的省份是天津、北京、江苏、重庆和四川，分别为 85.38%、63.90%、63.85%、62.27% 和 61.96%，表明这些地区隐性债务蕴含的风险较大；债务率较低的省份是海南、辽宁、内蒙古、黑龙江和山西，除了山西外均未超过 10%，隐性债务风险相对较小。相比 2019 年，有 10 个省份的隐性债务率有所下降，其余的省份均有一定上升。在隐性债务率下

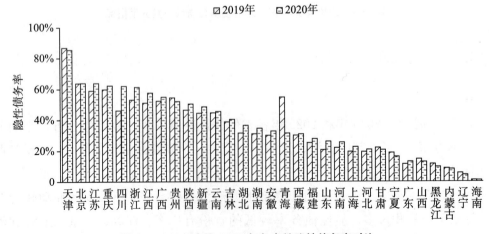

图 7-5　2019 年和 2020 年各省份隐性债务率对比

降的省份中,降幅最大的为青海,隐性债务率较 2019 年下降了 23.3 个百分点,降幅最小的为海南,下降了 0.1 个百分点;在隐性债务率上升的省份中,涨幅最大的为四川,较 2019 年增加了 15.8 个百分点,涨幅最小的为北京,增加了 0.2 个百分点。

3. 广义债务率

通过对比图 7-4 和图 7-5 可以发现,部分省份显性、隐性债务率都较高(如天津),部分省份显性债务率较低、隐性债务率较高(如北京、江苏),或显性债务率较高、隐性债务率较低(如内蒙古)。为了更全面地反映地方政府的负债水平,本报告定义了广义债务率进行衡量,结果如图 7-6 所示。2020 年各省份平均广义债务率为 69.02%,天津、贵州、青海、新疆和重庆位居前 5,广义债务率分别为 130.60%、113.68%、113.04%、93.35% 和 89.46%,在这些省份中,天津和重庆的显性、隐性债务率都较高,而贵州、青海、新疆则是由于较高的显性债务率造成了广义债务率的提高;广义债务率较低的省份有广东、山西、上海、辽宁和河南,其中广东和山西的显性、隐性债务率都较低,而上海、河南则是由于其较低的显性债务率带来了广义债务率的下降,辽宁由于其较低的隐性债务率带来了广义债务率的下降。

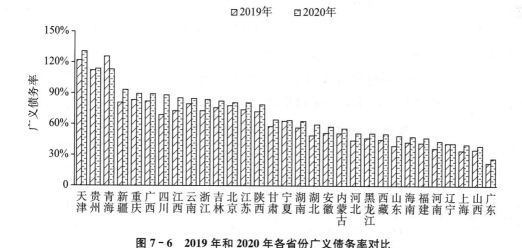

图 7-6　2019 年和 2020 年各省份广义债务率对比

7.2.3　各省份债务可持续指数的排名

综合上述 3 个指标,本报告计算出 2020 年各省份的债务可持续指数,得分越高,说明债务可持续性越强,结果如图 7-7 所示。2020 年各省份的债务可持续指数呈现出较大的地区差异,东部地区、中部地区的平均债务可持续指数远高于西部地区，得分最高的省份是广东，分数为 89.7 分，其次为山西、上海、辽宁、河南和福建，得分都在 75 分以上。债务可持续指数最低的省份是天津，不足 20 分，其次是青海、贵州、新疆和广西，除了广西外得分均未超过 50 分。

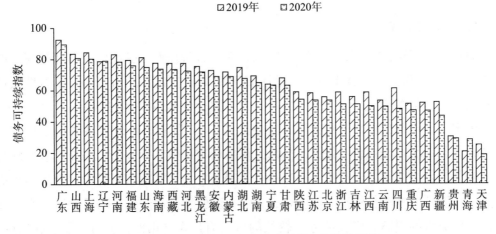

□2019年　□2020年

图 7－7　2019 年和 2020 年各省份债务可持续指数

对比 2019 年和 2020 年各省份债务可持续指数的排序情况（见表 7－2），2020年各省份的债务可持续指数整体低于 2019 年，仅青海、北京、陕西、云南、江苏等 5 个省份略有上升，青海提高 5.5 分，北京提高 2.8 分，其他 3 个省份提升幅度均不超过 0.3 分。具体来看，前 10 名的省份没有发生变化，只是名次略有微调，说明这些地方政府的债务可持续性一直较强；重庆、吉林、云南、广西、新疆、天津、贵州和青海债务可持续指数均位于后 10 位，债务可持续性一直较差。江苏和北京 2020 年摆脱了后 10 名，债务可持续性有所增强。

表 7－2　2019 年和 2020 年各省份债务可持续指数和排名

2019 年排名	省份	2019 年指数	2020 年排名	省份	2020 年指数
1	广东	92.5	1	广东	89.7
2	上海	84.3	2	山西	81.5
3	山西	83.5	3	上海	80.0
4	河南	83.0	4	辽宁	78.6
5	山东	81.0	5	河南	77.8
6	福建	79.4	6	福建	75.7
7	辽宁	78.6	7	山东	75.3
8	海南	77.4	8	海南	72.9

续表

2019 年排名	省份	2019 年指数	2020 年排名	省份	2020 年指数
9	西藏	77.3	9	西藏	70.8
10	河北	77.2	10	河北	70.1
11	黑龙江	75.3	11	黑龙江	69.8
12	湖北	74.5	12	安徽	66.1
13	安徽	72.7	13	内蒙古	66.1
14	内蒙古	71.7	14	湖北	65.2
15	湖南	69.0	15	湖南	62.3
16	甘肃	67.6	16	宁夏	62.2
17	宁夏	63.7	17	甘肃	61.2
18	四川	60.9	18	陕西	58.9
19	陕西	58.6	19	江苏	58.2
20	浙江	58.4	20	北京	58.2
21	江西	58.4	21	浙江	57.5
22	江苏	58.0	22	吉林	55.3
23	吉林	55.5	23	江西	54.6
24	北京	55.4	24	云南	53.5
25	云南	53.2	25	四川	50.7
26	新疆	52.2	26	重庆	50.6
27	广西	51.7	27	广西	50.5
28	重庆	51.1	28	新疆	44.2
29	贵州	30.1	29	贵州	27.1
30	天津	24.8	30	青海	25.9
31	青海	20.4	31	天津	19.0

7.3　债务可持续指数小结

近年来地方政府的债务规模仍在不断扩大，体现为显性债务率、隐性债务率和广义债务率的全面攀升。债务规模的扩大给地方政府带来沉重的负担，特别是隐性债务率的增长蕴含着极大的财政金融风险。横向比较来看，我国地方政府的负债水平呈现出较大的地区差异，西部地区的债务率明显高于中部地区和东部地区，债务的可持续性较差。

本报告认为，进一步完善地方债务管理需要重点加强以下几个方面：

第一，各级地方政府要继续对隐性债务进行严格管控。坚决执行《预算法》及《国务院关于加强地方政府性债务管理的意见》的各项规定。规范融资平台运作，严格遵循市场规则开展相关活动，杜绝与风险不对称的资产延伸；严格切割政企责任，有效抑制风险联保。

第二，强化显性债务项目储备、建设和运营绩效管理。一方面，要积极争取地方政府债券的支持，按照科学发展、稳定增长的要求，提前谋划项目，精选一批符合政策支持方向，具有稳定收入来源，涉及县重点民生领域和重点投资计划，产业关联度高、市场潜力大的建设项目。另一方面，要强化对地方政府专项债券的管理，加快地方政府债券的发行使用。做好地方政府专项债券发行及项目配套融资工作，鼓励依法依规通过市场化融资解决项目资金来源问题，精准聚焦纳入重大项目建设及其他补短板重大项目。

第三，要因地制宜，对不同负债水平的地区，合理制定地方债务管理措施。报告结论显示，我国地方政府的负债水平呈现出较大的地区差异，西部地区的债务率明显高于中部地区和东部地区，债务的可持续性较差。因此，针对偿债能力低的西部地区，应实施更加严格的债务管控，严格把关债务限额，防止其过度举债。

第八章　社保基金可持续指数

社保基金可持续指数从流量和存量角度反映各省份社保基金的可持续能力，衡量各省份社保基金资金收入是否能满足社会保障需求。社保基金可持续指数由养老保险抚养比、养老保险基金盈余率、养老保险基金人均累计结余和医疗保险基金盈余率等4个分项指标构成，4个分项指标的权重均为25%。具体如表8-1所示。

表8-1　社保基金可持续指数分项指标构成

指标名称	指数方向	权重	指标类别	定义
4. 社保基金可持续指数		**100%**	**方面指数**	
4a 养老保险抚养比	负向	25%	分项指标	城镇职工养老保险参保人当中的退休人数/在职职工人数
4b 养老保险基金盈余率	正向	25%	分项指标	(城镇职工养老保险基金当年收入－当年支出)/当年收入
4c 养老保险基金人均累计结余	正向	25%	分项指标	城镇职工养老保险基金累计结余/参保人数
4d 医疗保险基金盈余率	正向	25%	分项指标	(城镇职工医疗保险基金当年收入－当年支出)/当年收入

以上指标的原始数据均来自《中国统计年鉴》。

8.1　社保基金可持续指数的平均趋势

8.1.1　方面指数的平均趋势

社会保障制度是实现共同富裕的重要制度安排，社保基金的运行情况直接关系对劳动者的保障水平。同时，地方财政补贴是地方社保基金的主要来源，社保基金的可持续性也关系到整个财政运行的可持续性。图8-1展示了我国2008—2020年社保基金可持续指数平均得分情况。整体来看，社保基金可持续指数呈现明显的下降趋势，这与中国人口老龄化程度加深有直接关系。未来随着中国人口老龄化程度继续加深，社保基金中长期支出压力不容小觑。

短期来看，在2020年全球新冠肺炎疫情影响下，经济运行受到的冲击较大。区域间人口流动减少使得餐饮、旅游等服务业和劳动密集型制造业企业生产经营面临巨大挑战。为应对疫情冲击，我国政府出台了大规模保障就业和民生、帮助企业复工复产的政策，包括依据各省疫情受灾程度和市场主体经营能力制定的大规模、阶段性减税降费政策。根据人力资源社会保障部、财政部、税务总局印发的《关于阶段性减免企业社会保险费的通知》（人社部发〔2020〕11号）和《关于延长阶段性减免企业社会保险费政策实施期限等问题的通知》（人社部发〔2020〕49号），社保相关减免政策如下：（1）2020年2月至12月底，免征中小微企业养老保险、失业保险和工伤保险单位缴费部分；（2）2020年2月至6月底，大型企业养老保险、失业保险和工伤保险单位缴费部分减半征收；（3）2020年各省社会保险个人缴费基数下限可继续执行2019年标准；（4）个体工商户及以单位方式参加三项社会保险的，参照企业办法享受减免和缓缴政策；（5）对于受疫情影响生产经营严重困难的企业，社会保险费可缓缴至2020年12月底，缓缴期间免收滞纳金。这些政策对缓解疫情期间市场主体流动性紧张起到一定的积极作用，但同时使得2020年社保基金收入大幅缩水，社保基金可持续指数剧烈下跌。

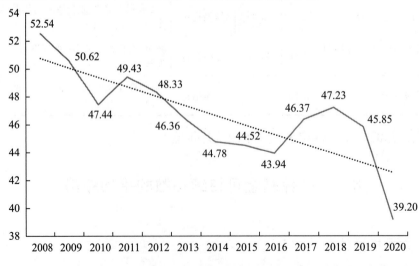

图8-1　2008—2020年各省份社保基金可持续指数平均值的变动趋势

8.1.2　分项指标的平均趋势

图 8-2、图 8-3 和图 8-4 分别给出了 2008—2020 年养老保险抚养比、养老保险基金盈余率、医疗保险基金盈余率和养老保险基金人均累计结余 4 个分项指标的变动情况。

养老保险抚养比衡量了城镇职工养老保险参保人中退休人员的相对比例，该指标为负向指标，养老保险抚养比越大，说明城镇职工基本养老保险的偿付压力越大。2020 年养老保险抚养比较上一年略有下降，从 43.3％降至 42.5％，但退休人员占总参保人数之比依旧较高，养老保险中长期支出压力依旧较大，人口老龄化压力对社保基金可持续性提出的挑战仍然严峻。

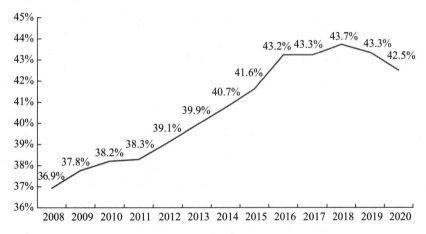

图 8-2　2008—2020 年全国养老保险抚养比变动趋势

图 8-3　2008—2020 年全国养老保险和医疗保险基金盈余率变动趋势

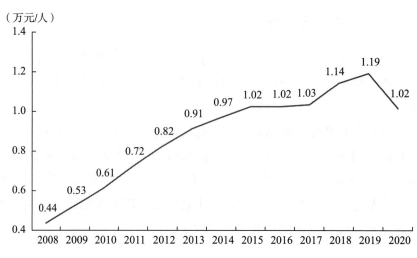

（万元/人）

图 8 - 4　2008—2020 年全国养老保险基金人均累计结余变动趋势

受疫情复工复产税费减免政策影响，城镇职工基本养老保险基金收入大幅缩减，而养老保险基金支出又具有刚性特征，导致当年养老保险基金盈余率断崖式下跌（见图 8-3）。从基金累计结余的存量角度来看，城镇职工基本养老保险基金人均累计结余一改往年增长态势，跌至五年前水平（见图 8-4）。可见，养老保险基金基数仍然较小，应对短期冲击的能力仍较薄弱，在实现基本养老保险全国统筹、促进地区间分配公平之外，仍需进一步充实养老保险基金，完善多层次社保体系建设，以进一步夯实劳动者保障的基础。

城镇职工基本医疗保险受到疫情冲击较小。我国政府在对新冠肺炎确诊患者的救治中明确规定，其发生的医疗费用，在基本医保、大病保险、医疗救助等按规定支付后，个人负担部分由财政给予补助（2020 年 6 月 7 日国务院新闻办发布的《抗击新冠肺炎疫情的中国行动》白皮书）。在此基础之上，中央也同步加大了对疫情重灾区的疫情防控补助资金下拨力度，用于医疗救治、防控设备和物资采购等，有效缓解了地区医疗保险基金的偿付压力。2020 年城镇职工医疗保险基金盈余率仅小幅降低 1.1 个百分点（见图 8-3）。

8.2　社保基金可持续指数的省际比较

本节分析我国 2020 年各省份截面数据，从养老保险抚养比、养老保险基金盈余率、养老保险基金人均累计结余和医疗保险基金盈余率 4 个分项指标出发，比较不同省份的情况。

8.2.1 东中西部地区的对比

通过对东中西部地区 2020 年社保基金可持续指数各分项指标得分情况的比较（见图 8-5），我们发现 2020 年东部地区社保可持续性明显恶化，一改之前优于中部和西部的态势。具体分析各分项指标情况，中部地区外地务工人员较多，养老保险抚养比最低，需加快全国统筹缓解其养老保险基金长期偿付压力，维持地区间保障水平均衡性。东部地区养老保险基金盈余率得分最低，这主要是由于东部地区服务业、制造业企业较多，经济结构导致复工复产受疫情影响显著，养老保险基金受到减税降费政策的冲击也最为明显。从存量来看，中部地区养老保险基金人均累计结余最高，西部地区人均累计结余最低。与养老保险抚养比对照，说明西部地区需要加大养老保险普及率，吸纳更多在职工人参保，这不仅能够提高养老保险基金短期偿付能力，更对其长期可持续性产生积极影响。医疗保险基金盈余率东西部得分较低，中部地区显著优于其他地区。但值得注意的是，本章基金盈余率的计算已经将公共财政补助资金计入。若将公共财政补助剔除，中部地区作为对公共财政补助较为依赖的地区，其医疗保险基金盈余率将不再乐观。

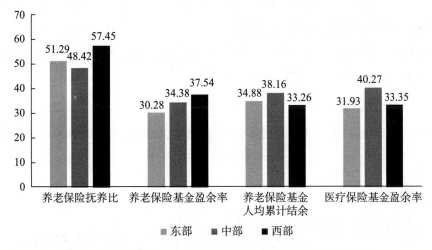

图 8-5 2020 年东中西部地区社保基金可持续指数分项指标

8.2.2 分项指标的省际对比

1. 养老保险抚养比

图 8-6 展示了 2019 年和 2020 年各省份养老保险抚养比，即各省份城镇职工养老保险参保人数中的退休人员与在职职工人数之比，该比值越小，说明养老保险可

持续性越强。

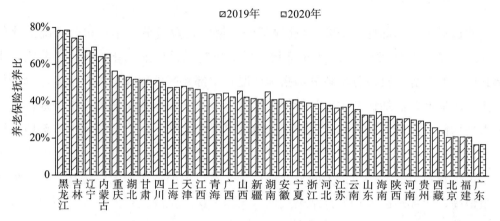

图 8 - 6　2019 年和 2020 年各省份养老保险抚养比

由图可知，中国养老保险偿付压力地区间差异较大。2020 年，广东养老保险抚养比最低，仅为 17%，黑龙江养老保险抚养比高达 79%，这意味着黑龙江每 10 名在职职工就需要供养近 8 名退休人员，养老保险的供养压力较大。与 2019 年比较，东北三省和内蒙古养老保险抚养比持续提高，老龄化和人口流出使得这些地区的养老保险基金长期偿付能力持续恶化。受疫情冲击，北京、上海、广东、江苏的人口流入减少，抚养比小幅上升。其余省份养老保险抚养比均呈下降态势，参保人数基数增加，养老保险长期偿付压力有望缓解。

2. 养老保险基金盈余率

我国 2020 年城镇职工基本养老保险基金盈余率的统计数据显示（见图 8 - 7），

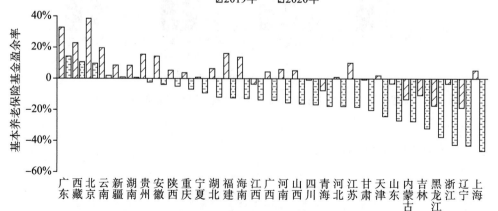

图 8 - 7　2019 年和 2020 年各省份养老保险基金盈余率

仅有 6 个省份城镇职工基本养老保险基金盈余率为正值，即当年养老保险收入大于支出。其中，广东、西藏和北京养老保险抚养比较低，基金盈余率显著为正，分别为 14.1%、10.5% 和 9.6%。受疫情冲击，服务业和劳动密集型制造业占比较大地区的养老保险基金盈余率降幅较大，上海和浙江两地区养老保险基金盈余率低于 −40%。2020 年上海城镇职工基本养老保险基金收入为 2 036.7 亿元，支出为 2 982.4 亿元，缺口高达 945.7 亿元。受老龄化问题困扰，东北三省养老保险基金盈余率雪上加霜。其中，辽宁养老保险收不抵支的情况最为严重，盈余率为 −42.9%。

3. 养老保险基金人均累计结余

图 8−8 展示了 2019 年和 2020 年各省份养老保险基金人均累计结余额，这是一个存量指标，反映了当前养老保险基金的抗风险能力，也反映了近一段时间以来养老保险基金累计运行情况。总体来看，基金结余额地区间差异明显，2020 年，东北三省和青海、河北、河南、山东、天津养老保险基金人均累计结余不超过 0.5 万元，其中黑龙江人均累计结余为负数。广东、北京和西藏人均累计结余超过 2.5 万元，是东北三省平均人均结余的十倍之多。因此，养老保险全国统筹应加快实施，进一步加强全国各省份基金之间的均衡和调度，从而提高养老基金的抗风险能力。

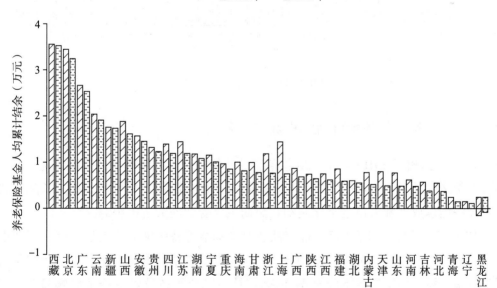

图 8−8　2019 年和 2020 年各省份养老保险基金人均累计结余

值得注意的是，各省份的养老保险基金，除了来自缴费收入和利息收入外，还包括公共财政补助。本章基金盈余率的计算已经将公共财政补助资金计入，若将财政补助资金部分剔除，那么公共财政补助率较高省份的社保基金盈余率将更低一些。但是由于部分省份并未详细披露公共财政对社保基金的补助，因此我们未将公共财政补助从养老保险基金收入当中予以剔除。

4. 医疗保险基金盈余率

医疗保险盈余情况与各地区人口结构及疫情受灾程度密切相关，省份间变动差距较大。如图 8-9 所示，2020 年全国各省份城镇职工基本医疗保险基金盈余率均为正值，西藏基金盈余率高于 50%，山东和天津医保基金盈余率不足 10%。疫情冲击使得海南、上海、安徽、山东、宁夏等地区医疗保险基金盈余率受到显著负向冲击。

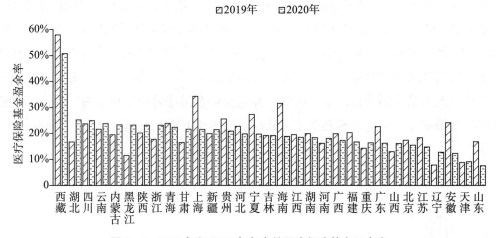

图 8-9　2019 年和 2020 年各省份医疗保险基金盈余率

8.2.3　各省份社保基金可持续指数的排名

表 8-2 给出了 2019 年和 2020 年各省份社保基金可持续指数的排序情况。2020 年各省份之间社保基金可持续性差异依旧较大，社会保障基金可持续能力长期主要受到经济增速放缓和人口老龄化制约，短期主要受到疫情防控影响。

与 2019 年相比，2020 年各省份社会保障基金可持续能力均有所下降，但程度不一。有 14 个省份指数分值排名上升，8 个省份指数分值排名下降。排名下降最为明显的是上海，由第 9 名下降至第 26 名，社保基金可持续性受疫情影响显著。江苏、海南、浙江和山东社保基金可持续能力下降也较为突出，排名下降了 4～6 名不等。

但值得注意的是，社保基金可持续能力排名前 5 和后 5 的省份十分稳定，西藏、北京、广东、云南和贵州稳定在前 5 名，天津、内蒙古和东北三省排名则一直较后。东北地区经济发展连年下滑，年轻劳动力流出现象十分普遍，加之原国有企业退休、下岗职工的沉淀，养老保险支出压力倍增，社保缺口需要公共财政的大幅度补贴，进一步加大了公共服务供给压力。而以广东为代表的东部沿海省份社保基金可持续指数排名维持靠前，主要原因是地区经济发展吸引大批外来人口流入，社保缴费收入基数较大，收大于支，盈余较多。但由于疫情税收减免政策，社保收入大幅减少。全国社保可持续性的提高应以经济产能恢复为基础，在适度减免的阶段性政策结束后，社保压力有望得到缓解。

表 8-2　2019 年和 2020 年各省份社保基金可持续指数和排名

2019 年排名	省份	2019 年指标	2020 年排名	省份	2020 年指标
1	西藏	87.04	1	西藏	81.08
2	北京	75.14	2	北京	65.22
3	广东	72.58	3	广东	63.95
4	云南	56.86	4	云南	53.23
5	贵州	56.29	5	贵州	49.26
6	海南	54.62	6	新疆	48.81
7	福建	54.53	7	陕西	45.30
8	安徽	52.64	8	福建	43.77
9	上海	51.57	9	湖南	43.50
10	新疆	50.30	10	安徽	42.38
11	江苏	49.95	11	海南	41.88
12	宁夏	47.99	12	宁夏	41.55
13	陕西	46.82	13	山西	40.92
14	山西	45.74	14	河南	39.42
15	湖南	45.44	15	江苏	39.14
16	河南	45.01	16	四川	39.13
17	四川	43.86	17	广西	36.35
18	浙江	43.55	18	河北	36.06
19	山东	43.04	19	湖北	36.04
20	河北	42.92	20	江西	35.74
21	广西	42.71	21	重庆	34.70
22	江西	39.03	22	甘肃	33.81
23	甘肃	38.31	23	青海	33.64

续表

2019 年排名	省份	2019 年指标	2020 年排名	省份	2020 年指标
24	青海	37.64	24	浙江	33.02
25	湖北	37.20	25	山东	30.98
26	重庆	36.47	26	上海	27.93
27	天津	35.63	27	天津	27.20
28	内蒙古	30.11	28	内蒙古	25.87
29	吉林	25.76	29	吉林	18.49
30	辽宁	18.70	30	黑龙江	13.64
31	黑龙江	13.77	31	辽宁	13.29

8.3 社保基金可持续指数小结

8.3.1 当前社会保险基金运行存在的问题与挑战

从各地区社保可持续指数看，我国当前社保基金运行存在的突出问题与挑战有：

第一，社会保险地方统筹制度下，地区间社会保障能力和偿付水平差异较大，实际缴费率不一，不利于社会公平。由于各地区在人口年龄结构、净人口流动方面的差异，不同地区间的养老保险负担压力轻重不均。以东北三省为代表的人口流出地社保基金收入规模小，保障水平较低，而实际缴费率却较高。市场赛地"坑坑洼洼"，扭曲了要素在地区间的配置效率，不利于发挥市场在资源配置中的决定性作用。同时，社保基金需要地方公共财政大量补贴，导致地方政府提供公共服务的资金受限，进一步加大了地区间公共服务均等化差距。

第二，人口老龄化是社保基金面临的深层次压力。在 2020 年免征减征政策出台之前，社保基金就面临着日益增大的收支压力。2018 年，城镇职工养老保险基金当年结余 0.65 万亿元，其中包含财政对企业职工养老保险的补助 0.53 万亿元。2020 年，城镇职工养老保险基金产生 0.7 万亿元收支缺口，基金收入中包含财政对企业职工养老保险的补助 0.63 万亿元，因此扣除财政补助，养老保险缴费收入与基金支出从全国加总数上缺口达到 1.33 万亿元。近年来社保收支压力、养老保险抚养比等都不断攀升。未来随着人口老龄化程度的进一步加深，社保收支压力必定与日俱增。

第三，短期内社保基金盈余减少，偿付压力较大，需要更多资本充实。应对疫情冲击的阶段性减免政策使得全国各地社保可持续能力下降，如何平衡经济发展和疫情防控是摆在决策者面前的一个难题。针对复工复产的社保基金减免政策具有阶段性特征，主要针对疫情受灾严重地区和经营能力薄弱的经济主体制定，争取以最小的财政减收成本换取最大的经济效益。针对中小微企业和个体工商户的减税政策与"保就业保市场主体"的目标一致。但是，政策导致的养老保险、失业保险和工伤保险3项社保基金收入大幅下降，2020年城镇职工养老保险收入较2019年缩减8 543.1亿元，支出增加2 073.4亿元。养老保险基金的可持续不能仅靠财政补贴来完成，需要寻找更多的可替代收入来源，适度加大国有资本划转力度。

8.3.2　提升社保基金可持续性的建议

我们对于提升社保基金可持续性的建议包括如下几个方面：

1. 社保费率"低费率、宽费基、严征管"

降低社保名义费率、拓宽社保税费基数、加强社保费统筹征管，是社保制度的改革方向。首先，在中国经济新常态下，保障市场主体活力是高质量发展的必然要求，适当下调社保名义缴费率，减少企业缴费比率，是涵养社会保险基金税源的重要举措。其次，在经济高质量发展的同时，促进共同富裕的实现也十分重要。提升社保基金参保率，拓宽缴费基数，将更多居民纳入社保安全网，一方面可以切实为老弱病残等低收入群体生活兜底，达到风险分摊的目的，另一方面可以有效缓解社保收支压力。与此同时，进一步完善"多缴多得、长缴长得"的激励机制，调动企业和职工的参保积极性，使有能力的参保人有足够的社保缴费正向激励。最后，提高税务机关社保基金征管效率，做到依法征费、应收尽收，加强费源管理，清查欠费。

2. 加快实现全国统筹

2018年7月起，国务院开始建立企业职工基本养老保险基金中央调剂制度。在现行企业职工基本养老保险省级统筹基础上，建立中央调剂基金，对各省份养老保险基金进行适度调剂。中央调剂制度的建立有利于促进地区间公共服务均等化，进而促进地区间经济的均衡发展。

当前，地方政府有结余养老保险基金上缴比例上调的稳定预期，因此可能产生"量出为入、藏富于民"的堕懈问题，在制定费率和征管社保费时仅做到略有盈余，而在扩面征缴上激励不足。报告认为，中央调剂制度作为一个过渡手段，过渡期不应该太长，在加快实现全国统筹的同时，应当优化制度设计，保证地方税务机关的征收激励。

3. 加快建立多层次的养老保障体系

加快建立多层次的养老保障体系，合理区分政府、企业和个人的养老责任，在基本养老保险"保基础"之上，促进企业年金、商业性养老保险和个人储蓄养老保险的发展，形成多资金渠道的养老保障体系，而非过度依赖政府的基本养老体系，从而舒缓政府在老龄化高峰到来时的养老金发放压力。

4. 完善国企分红政策，处理好财政贡献与保值增值间的关系

2017 年发布的《划转部分国有资本充实社保基金实施方案》提出，中央和地方国有及国有控股大中型企业、金融机构均纳入划转范围；划转比例统一为企业国有股权的 10%；全国社保基金及其他承接主体，主要作为财务投资者获取对应的股权分红。截至 2020 年末，符合条件的中央企业和中央金融机构划转部分国有资本充实社保基金工作全面完成，共划转 93 家中央企业和中央金融机构国有资本总额 1.68 万亿元，占社保基金总收入的 22.2%。然而，目前我国社保收支缺口依旧存在，长期偿付压力依旧较大。下一步，需要建立更加长期稳定的利益分配机制。

第九章　预算管理规范指数

本部分介绍预算管理规范指数,该指数是通过财政支出预决算偏离度、审计违规金额占比、财政透明度指数等3个分项指标来反映包括总额控制、管理效率和公开程度在内的公共预算管理情况。其具体定义及权重见表9-1。

表9-1　预算管理规范指数分项指标构成

指标名称	指数方向	权重	指标类别	定义
5. 预算管理规范指数		**100%**	**方面指数**	
5a 财政支出预决算偏离度	负向	33.3%	分项指标	(一般公共预算支出决算数－预算数)/预算数
5b 审计违规金额占比	负向	33.3%	分项指标	审计违规金额/一般公共预算支出决算数
5c 财政透明度指数	正向	33.3%	分项指标	各省份财政信息公开程度

预算管理规范指数的3个分项指标从三个不同的方面反映了地方的预算管理能力。其中,计算财政支出预决算偏离度所需要的预算数据收集自历年各省份人民代表大会在年初通过的预算草案报告,决算数据来自《中国统计年鉴》。该指标为负向指标,即指标数值越小,表示决算执行的结果与预算编制越一致,政府预算的总额控制能力越好,政府预算能力越强,预决算产生偏差对政府行为产生的影响越小。审计违规金额数据来自《中国审计年鉴》。该指标为负向指标,其指标数值越小,表示政府部门越合规、有效地执行了预算。财政透明度指数来自上海财经大学编写的《中国财政透明度报告》,其为正向指标,即数值越高,该省份的财政信息越公开透明。审计违规金额占比与财政透明度指数目前仅更新至2017年数据,因此在测算方面指数时,2018—2020年的审计违规金额占比和财政透明度指数利用

2017 年的数据进行了补充，其他单独缺失年份数据的省份（宁夏 2010 年预算数据、甘肃 2013 年预算数据、海南 2014 年预算数据、河北 2015 年预算数据、西藏 2013 年审计违规金额），利用了前后年份的分项指标均值进行了补充。

9.1　预算管理规范指数的平均趋势

9.1.1　方面指数的平均趋势

　　如图 9-1 所示，2008—2020 年，全国各省份的预算管理规范指数从 2008 年的 57.44 分上升至 2020 年的 82.05 分，除 2010 年有所下降外，其他年份基本呈上升态势，尤其在 2012 年，其增长速度有明显增加，2017 年后增长幅度趋缓。上升态势表明我国地方政府的预算管理能力在不断提升。

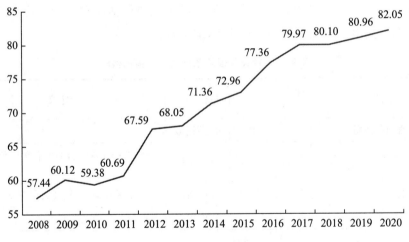

图 9-1　2008—2020 年各省份预算管理规范指数均值变动趋势

9.1.2　分项指标的平均趋势

　　图 9-2 至图 9-4 给出了财政支出预决算偏离度绝对值、审计违规金额占比、财政透明度指数等 3 个分项指标的具体情况。可以看出，虽然方面指数呈现出上升态势，但 3 个分项指标的具体变动趋势仍呈现出不同的特点。总体来说，地方政府的预算执行结果与预算编制数字的吻合度越来越高，政府对预算的掌控能力越来越强，财政支出预决算偏离度从 2008 年至 2020 年下降了 26 个百分点；审计违规金额占比波动较大，但近年有下降趋势，从 2015 年至 2017 年下降了约 2 个百分点，预算违规现象有略微改善，财政资金的使用效率有所提升；财政透明度指数从 2008 年至

2017 年稳步提升，政府的财政预决算透明程度越来越高，受到监督的范围越来越广。

图 9-2 绘制了财政支出预决算偏离度的变动趋势。该指标为负向指标，表示决算执行结果与预算的偏离程度，其从 36.88％下降至 10.45％，这表明总体而言地方政府预算管理工作有明显改善，预算与决算数字的吻合度越来越高，但也显示出地方财政支出预决算偏离均处于较长时期的"超支"态势。具体来看，2011 年之前，财政支出预决算偏离度波动幅度较大，主要是受到以增支为主的积极财政政策的影响，同时，该段时期内经济情况较不稳定，且部分省份自然灾害情况较为严重。其中，2010 年的偏离程度突增，因受整体财政政策导向和经济情况的影响，31个省份的财政支出预决算偏离度都出现了不同程度的扩大，除此之外，青海 2010年遭遇玉树地震后，其当年的财政支出预决算偏离度由 2009 年的 61.48％上升至116.92％，对整体影响较为显著。2011 年之后地方政府的财政支出预决算偏离度大幅缩小，在 2015 年《预算法》修订实施后，人大预算监督权得到一定的保障和加强，偏离度得到了进一步改善，基本维持在 20％以内。财政支出预决算偏离度2020 年缩减至 10.45％，这也体现了地方政府预算管理能力的显著提升。

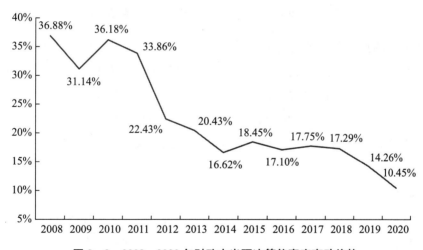

图 9-2 2008—2020 年财政支出预决算偏离度变动趋势

注：财政支出预决算偏离度＝（一般公共预算支出决算数－预算数）/预算数，即决算总数与预算总数相比的偏离比例。

审计违规金额占比能够体现政府预算是否被合规、有效地执行，严格控制审计违规现象的发生可以有效提高财政资金配置效率和控制腐败，是体现政府预算管理能力的重要部分。图 9-3 绘制了 2008 年至 2017 年各省份审计违规金额占比的变动趋势，可以看出，审计违规金额占比的波动幅度相对较大，整体在 4％～7％之间不断波动，说明一直以来预算违规问题没能得到有效扼制，"屡审屡犯"的问题仍然存在。类似地，自2015年《预算法》修订实施后，审计违规金额占比连续两年下降，2017年降至4.68%，比2015年降低了近2个百分点。这主要得益于两点：一是修订后的《预算法》对预算监管范围的扩大，给审计赋予了更深刻的含义；二是修订后的《预算法》明确提出了审计机关应公开预算执行和其他财政收支情况的要求。

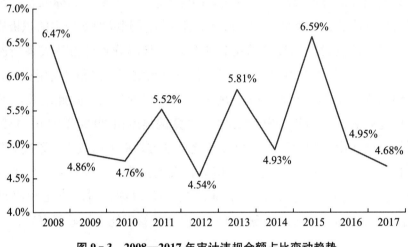

图 9-3   2008—2017年审计违规金额占比变动趋势

公开透明的预算制度能够有效促进权力机构和全国公民对财政活动的监督，进而促使政府提高预算管理能力，因此，政府预算透明度也是国家治理能力现代化在深化财税体制改革方面的重要体现。图9-4展示了2008年至2017年地方政府财政透明程度，2017年31个省份的财政透明度指数平均得分为53.49分，相比于2008年的21.71分有显著增长，从中可以看出我国财政透明度不断上升。

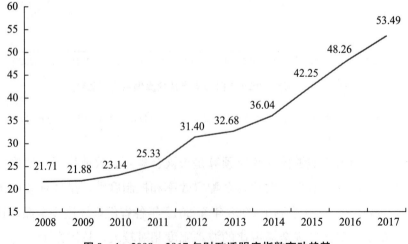

图 9-4   2008—2017年财政透明度指数变动趋势

9.2　预算管理规范指数的省际比较

9.2.1　东中西部地区的对比

图 9-5 对比了东中西部地区 2020 年财政支出预决算偏离度、2017 年审计违规金额占比以及 2017 年财政透明度指数，整体来看，三地区间的差异仍然存在，其中财政支出预决算偏离度差异较为显著。根据 2020 年东中西部地区财政支出预决算偏离情况来看，中部地区支出偏离程度最高，达 16.55%，西部地区次之，东部地区实际支出与预算相差较小，偏离程度为 5.71%，比中部低 10.84 个百分点；2017 年的数据显示，东部地区的审计违规金额占比最小，为 2.17%，西部地区的审计违规现象最为严重，审计违规金额占比为 4.95%，中部地区的审计违规现象略微好于西部，为 4.37%，但与东部的差异仍然较大；中部地区 2017 年的财政透明度指数得分最高，为 56.81 分，东部略低于中部为 55.78 分，西部地区的财政透明程度显著低于前两个区域，财政透明度指数得分为 49.18 分。总体来看，经济较发达地区的预算管理能力更强，东部地区的预算管理能力整体要优于中西部地区。

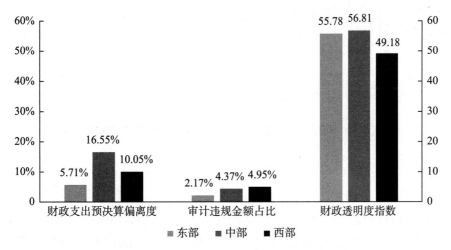

图 9-5　东中西部地区预算管理规范指数分项指标

9.2.2　分项指标的省际对比

1. 财政支出预决算偏离度

图 9-6 展示了 2019 年和 2020 年 30 个省份的财政支出预决算偏离度数据（湖

南省 2019—2020 年预算数据均未公布），其为负向指标，该指标越高，政府预算的总额控制能力越弱，预算执行过程越不规范。2020 年各省份平均财政支出预决算偏离度为 9.97%，各省份的支出的偏离程度均有显著差异，支出的决算数均小于预算数，即所有省份都处于"超支"状态，但绝大多数省份 2020 年的偏离度均小于2019 年，说明预决算偏离问题在逐渐改善。其中，云南、内蒙古、湖北、上海和青海为偏离度较低的省份，偏离度基本维持在 2% 以下，分别为 0、0.38%、0.44%、0.95% 和 1.07%。财政支出预决算偏离度较高的省份有贵州、吉林、新疆、江西和黑龙江，财政支出预决算偏离度均在 20% 左右。整体来看，东部地区的预算控制能力基本处于中上水平，中西部省份的预算控制能力差异较大，个别西部省份偏离度趋于 0，预算管理能力表现较为优异，但绝大多数中西部省份的预算总额控制能力仍待提高。

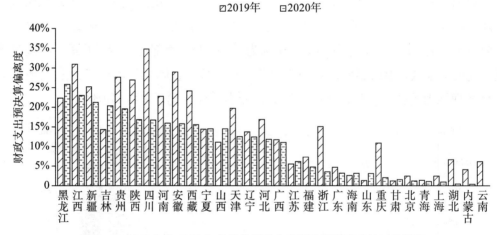

图 9-6 2019 年和 2020 年各省份财政支出预决算偏离度的对比情况

2. 审计违规金额占比

图 9-7 给出了审计违规金额占比的省际对比情况，该指标也为负向指标，用来衡量预算执行的规范程度。2017 年全国 31 个省份审计违规金额占比的均值为3.81%，审计违规金额占比均保持在 15% 以内，相较于 2016 年，超过半数的省份的审计违规金额占比有所降低。其中，审计违规金额占比较小的省份是北京、上海、浙江、福建和广东，分别为 0.21%、0.23%、0.35%、0.43% 和 0.83%。审计违规金额占比较高的省份是重庆、山西、西藏、贵州和云南，分别为 10.44%、10.04%、9.84%、7.75% 和 7.18%。值得注意的是，山西审计违规金额占比虽相对而言仍然较高，但其审计违规金额占比的绝对值改善最为明显。2016 年及以前年份，山西的审计违规金额占比均维持在 10%~40%，远远高于其他省份，审计违

规现象最为严重，但其 2017 年降低至 10.04%，相较于 2016 年下降了近 20 个百分点。除此之外，审计违规金额占比较小的 5 个省份均为东部省份，较高的均处于西部地区，预算执行的规范程度明显呈现出由东部向西部递减的空间趋势。

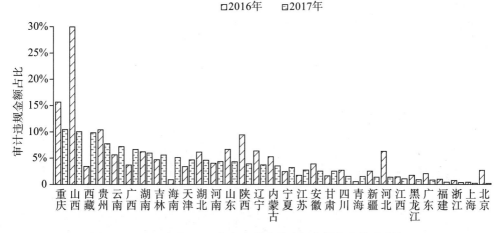

图 9-7　2016 年和 2017 年各省份审计违规金额占比的对比情况

3. 财政透明度指数

财政透明指数取自上海财经大学公共政策研究中心发布的《中国财政透明度报告》，为正向指标。该报告披露，省级财政透明度评估分为 9 项信息要素进行评分，按得分情况从高到低排序，依次是被调查者态度、一般公共预算基金、社会保险基金、国有企业基金、政府性基金、国有资本经营预算基金、部门预算及相关信息、政府资产负债和财政专户管理资金。图 9-8 绘制了 2016 年和 2017 年 31 个省份的财政透明度指数情况。以省级财政透明度评估的总体情况看，2017 年 31 个省份财政透明度指数的平均得分为 53.49 分，比 2016 年的平均分 48.27 分增长了近 11 分，进步明显；从整体趋势上看，最高分和最低分相对 2008 年有明显提升，最高分由 2008 年的 62.66 分（福建）上升至 2017 年的 69.40 分（广东），最低分由 2008 年的 14.79 分（吉林）上升至 2017 年的 27.00 分（江西）。但尽管如此，总体上看，我国省级政府财政信息公开的情况仍不理想：其一，仍有将近 50% 的调查信息没有公开，而财政透明度指数最低的省份仅公开不到 30% 的调查信息；其二，最高分与最低分的增长有趋缓甚至是下降的苗头。从 2017 年的得分情况来看，广东、四川、山西、湖北和湖南这 5 个省份的得分均在 60 分以上，进入前 5。其中，部分省份得分显著提升，如：广东从 2016 年的 52.8 分（排名第 14）上升到 2017 年的 69.38 分（排名第 1）；湖北、陕西和海南分别从 2016 年的 25.5 分、27.2 分和 36.6 分上升到 2017 年的 67.6 分、57.8 分和 66.6 分。而 2017 年江西、江苏、云南、新疆、贵州居后 5 位，其中，江西、江苏、云南的财政透明度指数得分不到 30。江苏得分显著下降，从 2016 年的 55.1 分下降到 2017 年的 28.1 分，排名也从 2016 年的第 11 名下降为倒数第 2 名。在 2015 年修订实施的《预算法》保驾护航下，我国省级政府财政透明度进步明显，各级政府对财政信息公开的态度也逐渐从被动转为主动，按照法律要求，越来越规范地公开各类财政信息。

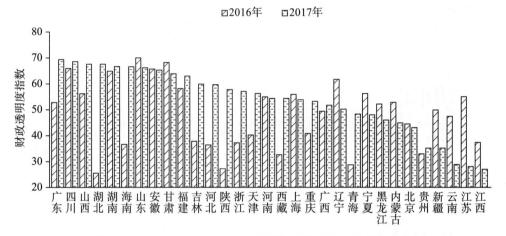

图 9-8　2016 年和 2017 年各省份财政透明度指数的对比情况

9.2.3　各省份预算管理规范指数的排名

图 9-9 给出了 2020 年各省份预算管理规范指数的排序情况，得分越高，代表该省份预算管理能力越强。各省份预算管理能力之间差异较大，最高分与最低分之间相差近 30 分，其中对得分影响最大的是财政透明度指数，其次是财政支出预决算偏离度与审计违规金额占比。由于 3 项分项指标均出现了不同程度的空间分布，方面指数也呈现出东部地区得分普遍较高、中西部省份排名较低的情况。东部地区经济发展较为稳定和发达，地方财政收入较为充足，这有利于地方政府缩小预算偏离，进而加强预算管理能力。除此之外，经济增长率的提高意味着经济不确定性增加，导致政府在预算执行过程中需要调整原有计划，政府中途的调整行为会同时影响财政支出预决算偏离度和审计违规金额占比，这也部分解释了近两年经济增长率较高的地区的预算管理规范指数得分较低的现象。

由于 2019 年和 2020 年审计违规金额占比和财政透明度指数均是利用 2017 年数据进行补充的，方面指数 2019 年和 2020 年的变化主要是受到财政支出预决算偏离度的影响，因此，不再做 2019 年和 2020 年排名变化的分析。但从 2019 年和 2020 年两年的方面指数数据来看（见表 9-2），方面指数均位列前 5 的有广东、湖

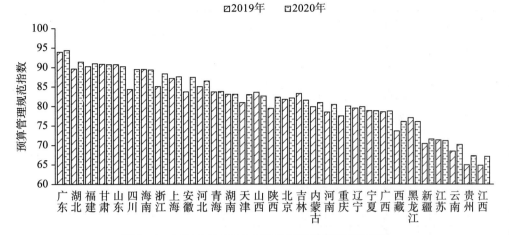

图 9 - 9 2019 年和 2020 年各省份预算管理规范指数

北、福建、甘肃、山东。由于各省份财政透明度指数的分差较大，其对方面指数排
名影响也较大，靠前的省份中绝大部分省份的财政信息公开程度都较高，财政透明
度的提高有利于加强公众和权力机构对预算管理的监督，因此这些省份在财政支出
预决算的符合度和减少审计违规方面也都表现较好，因此未来可以通过进一步提升
财政透明度，来提升排名较后省份的预算管理能力。

表 9 - 2 2019 年和 2020 年各省份预算管理规范指数和排名

2019 年排名	省份	2019 年指数	2020 年排名	省份	2020 年指数
1	广东	93.93	1	广东	94.36
2	甘肃	90.84	2	湖北	91.40
3	山东	90.74	3	福建	90.98
4	福建	90.25	4	甘肃	90.74
5	湖北	89.64	5	山东	90.23
6	海南	89.52	6	四川	89.50
7	上海	87.19	7	海南	89.36
8	浙江	85.07	8	浙江	88.36
9	河北	85.04	9	上海	87.62
10	四川	84.35	10	安徽	87.46
11	安徽	83.71	11	河北	86.48
12	青海	83.69	12	青海	83.78
13	山西	83.59	13	湖南	83.07

续表

2019 年排名	省份	2019 年指数	2020 年排名	省份	2020 年指数
14	吉林	83.27	14	天津	83.00
15	湖南	83.07	15	山西	82.62
16	北京	81.77	16	陕西	82.34
17	天津	80.95	17	北京	82.12
18	内蒙古	79.89	18	吉林	81.56
19	辽宁	79.51	19	内蒙古	80.95
20	陕西	79.46	20	河南	80.46
21	宁夏	78.87	21	重庆	80.04
22	广西	78.58	22	辽宁	79.89
23	河南	78.52	23	宁夏	78.85
24	重庆	77.53	24	广西	78.78
25	黑龙江	77.07	25	西藏	76.10
26	西藏	73.66	26	黑龙江	76.07
27	江苏	71.37	27	新疆	71.59
28	新疆	70.45	28	江苏	71.19
29	云南	68.45	29	云南	70.20
30	贵州	64.96	30	贵州	67.27
31	江西	64.84	31	江西	67.11

9.3 预算管理规范指数小结

预算管理是财政的基石。预算管理体现在包括总额控制、配置效率和管理效率在内的预算基本职能和目标能否实现，是规范财政收支行为的重要制度保障。因此，完善预算制度、提升预算管理能力，不仅是财政领域的技术性制度设计，更是重塑国家治理制度的一项基础性制度安排。党的十九大报告提出了完善预算管理的总方向是"建立全面规范透明、标准科学、约束有力的预算制度，全面实施绩效管理"。本报告对于进一步提升预算管理能力的建议包括以下两个方面：

第一，进一步提升财政信息公开透明程度，加强预算监督。从财政透明度数据和财政支出预决算偏离数据测算的结果来看，虽然在《预算法》修订实施后，人大预算监督权得到了一定保障和加强，预算偏离和审计违规现象有明显缓解，但绝大部分省份仍未完整公开财政信息，而公开审计结果是对预算监督最有效且直接的方式。同时，可以合理利用大数据手段，实施预算信息统一归集、依法公示、联合惩戒和社会监督一体化多层次的监管方式，以便于公众提出质疑和建议，督促各级政府和部门及时对预算相关问题进行回应。

第二，规范政府预算绩效评价，提高财政资金使用效率。国家审计可以从法律制度完善、公民预算渠道参与、基础预算编制以及预算绩效评价等方面促进政府预算的民主化。但按照目前的审计结果来看，虽然部分省份审计违规金额占比较大，但审计处理处罚力度不够，存在"屡审屡犯"的现象。审计自身追究权有限且受到同级政府制约，其追责机制仍有待完善。未来应将财政支出绩效评价的结果与之后年度的预算编制或其他考核挂钩，进一步规范政府的预算绩效评价。同时还需要保障公民参与预算编制、审议、执行和绩效评估的主体地位，在绩效评价时，将公众满意度作为评价的一个重要依据，通过加强预算执行过程中的绩效监控来提高财政资金使用效益，真正做到将预算决策和资源配置与公众的需求紧密地联系起来。

第十章　基本公共服务指数

本部分介绍我国基本公共服务指数，该指数由义务教育生师比、每千人口卫生技术人员、人均图书馆藏书量、公路密度和每千人口民政机构床位数等 5 个分项指标构成。具体指标内容如表 10 - 1 所示。

表 10 - 1　基本公共服务指数分项指标构成

指标名称	指数方向	权重	指标类别	定义
6. 基本公共服务指数		**100%**	**方面指数**	
6a 义务教育生师比	负向	20%	分项指标	义务教育学生人数/义务教育老师人数
6b 每千人口卫生技术人员	正向	20%	分项指标	卫生技术人员/人口数
6c 人均图书馆藏书量	正向	20%	分项指标	公共图书馆藏书量/人口数
6d 公路密度	正向	20%	分项指标	年末实有道路面积/行政区域土地面积×1 000
6e 每千人口民政机构床位数	正向	20%	分项指标	民政机构床位数/人口数

原始数据来自历年《中国统计年鉴》，其中，部分省份缺失数据来自《中国人口年鉴》与各省份统计年鉴。义务教育生师比指标的指数方向为负向，即该指标数值越小，表明教育资源越丰富；其他指标的指数方向均为正向，即指标数值越大，表明基本公共服务提供情况越好。

10.1　基本公共服务指数的平均趋势

本节对我国 2008—2020 年基本公共服务指数的平均变动趋势进行分析。

10.1.1　方面指数的平均趋势

2008—2020 年全国基本公共服务指数整体呈平稳上升态势，仅 2010 年和 2015 年出现两次波动。图 10-1 显示，2008 年基本公共服务指数为 23.25 分，2009 年上升至 25.49 分，2010 年短暂回落至 24.07 分，2011—2014 年以大致均匀的增速持续上升至 33.59 分，2015 年基本公共服务指数再次出现波动，小幅回落至 31.36 分，之后又恢复逐年稳步上升的态势，2020 年基本公共服务指数达到 37.77 分。除两次波动外，基本公共服务指数均以相对稳定的速度逐年上升，这表明我国在基本公共服务方面的投入以相对稳定的速度逐年增长。其中，2010 年和 2015 年两次波动主要是由于民政机构床位数的影响，每千人口民政机构床位数的指标早年呈现较大的波动趋势，2015 年之后趋于稳定，这表明在脱贫攻坚战中兜底性民生保障和社会服务水平不断提升，质量更高。

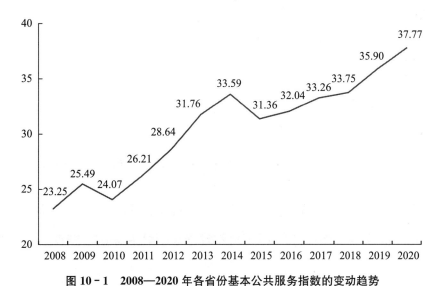

图 10-1　2008—2020 年各省份基本公共服务指数的变动趋势

10.1.2　分项指标的平均趋势

图 10-2 至图 10-6 给出了义务教育生师比、每千人口卫生技术人员、人均图书馆藏书量、公路密度、每千人口民政机构床位数等 5 个分项指标原始数据在 2008—2020 年的变动情况。与 2008 年相比，2020 年各项指标都发生了较为显著的变化。

义务教育生师比为负向指标，该指标数值越小表明教育资源越丰富。2008 年义务教育生师比平均值为 16.90，表明 1 位老师负担约 17 名学生，该指标持续降低至 2013 年的 14.72，此后一直保持稳定范围，2020 年又进一步减少至 14.62，表明在义务教育阶段 1 位老师平均负担 14~15 名学生。义务教育生师比指标从减少到稳定的变化是我国优化教育资源配置、重点保障义务教育均衡发展的现实写照。类似地，每千人口卫生技术人员指标自 2008 年以来从 4.30 保持稳增长，2020 年达到 7.76，这意味着每千人口拥有的卫生技术人员从大约 4 人增长到 7～8 人，整体来看，医疗卫生领域的人力资源越来越丰富。人均图书馆藏书量指标也呈现波动增长的态势，2008 年人均图书馆藏书量约为 0.49 册，2020 年已增长为 0.88 册，表明以公共图书馆为代表的城市公共资源投入在持续增加。然而整体来看，人均图书馆藏量仍旧不足 1 册，城市公共图书资源的投入依旧存在较大的提升空间。公路密度指标自 2008 年的 1.90 持续稳定增长至 2020 年的 3.66，这与我国的城镇化建设有着密切的联系，表明我国在基础设施建设中持续投入。与其他指标不同，每千人口民政机构床位数指标波动较大，2015—2018 年稳定在 3 张左右，而 2019 年和 2020 年又有了进一步的提升，2020 年每千人口民政机构床位数平均达到 3.56 张。

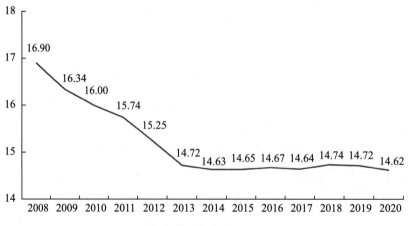

图 10-2　2008—2020 年各省份义务教育生师比平均值的变动趋势

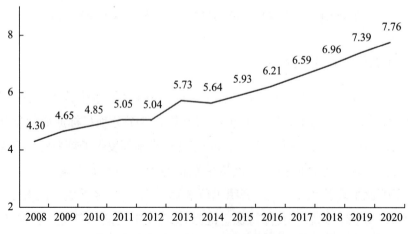

图 10-3　2008—2020 年各省份每千人口卫生技术人员平均值的变动趋势

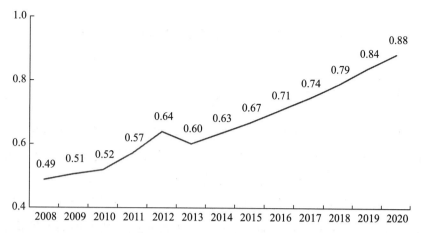

图 10 - 4 2008—2020 年各省份人均图书馆藏书量平均值的变动趋势

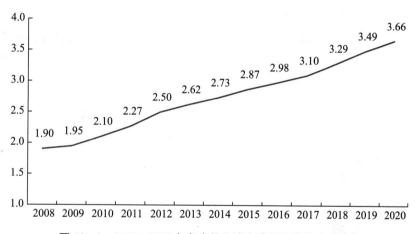

图 10 - 5 2008—2020 年各省份公路密度平均值的变动趋势

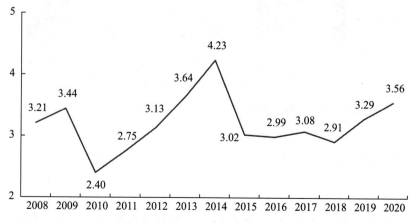

图 10 - 6 2008—2020 年各省份每千人口民政机构床位数平均值的变动趋势

10.2　基本公共服务指数的省际比较

10.2.1　东中西部地区的对比

　　图 10 - 7 对比了 2020 年东中西部基本公共服务各项指标，整体来看，东中西部地区基本公共服务水平依旧存在差异，东部地区的部分指标优于中部和西部地区。从义务教育生师比来看，东中西部地区较为持平，1 名老师负担 14～15 名学生，表明义务教育师资投入在各区域间相对均等。在医疗资源的投入分配中，东部地区每千人口卫生技术人员指标略高于中部和西部地区。从人均图书馆藏书量指标来看，东部地区人均图书馆藏书量为 1.27 本，远高于中部地区的 0.66 本和西部地区的 0.68 本。从公路密度指标来看，东部地区的道路密度远高于中西部地区，这与其经济发展水平和地方政府财力有关。从每千人口民政机构床位数指标来看，东中部地区的每千人口民政机构床位数为 4 张左右，而西部地区仅为 2.61 张，该指标的均等化力度仍有待加强。

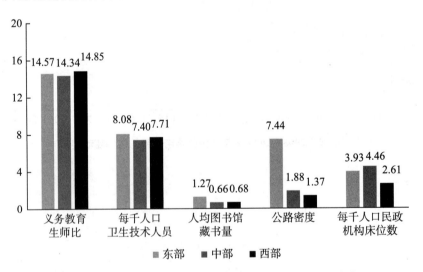

图 10 - 7　2020 年东中西部地区基本公共服务指数分项指标

10.2.2　分项指标的省际对比

　　1. 义务教育生师比

　　图 10 - 8 为 2019 年和 2020 年各省份义务教育生师比指标的对比情况，该指标为负向指标，义务教育生师比数值越小说明义务教育师资越充沛。根据《2020 年

全国教育事业发展统计公报》，2020 年全国义务教育生师比平均值约为 15.19，统计数据显示，18 个省份在平均水平以上，其余 13 个省份低于但较为接近平均水平。2020 年广西、福建、广东等地义务教育师资力量相对紧张，每位老师负担 16～17 名学生；除北京、上海以外，东北地区师资力量配比最为充沛，师资力量投入从东北地区到西南地区存在减弱的空间趋势。整体来看，义务教育师资投入呈现出大部分地区均等、少部分地区领先的特征。相比 2019 年，绝大多数省份义务教育生师比均有所下降，表明师资投入有所增强。

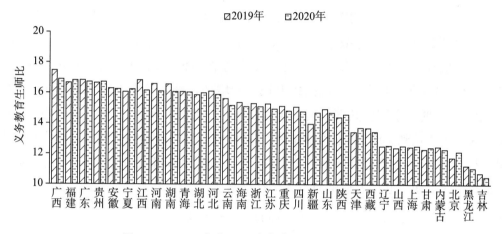

图 10-8　2019 年和 2020 年各省份义务教育生师比

2. 每千人口卫生技术人员

图 10-9 给出了每千人口卫生技术人员的省际对比情况，也就是卫生技术人员与常住人口的比例。统计数据显示，2020 年大部分省份每千人口对应的卫生技术人

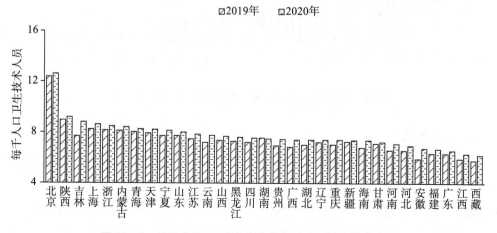

图 10-9　2019 年和 2020 年各省份每千人口卫生技术人员

员为6～9人，数据差距不大，其中北京的数据为12.61，远高于其他省份。整体来看，人均卫生技术人员资源在各省份分配差距不大，较为均等。相比2019年，该指标在所有省份均有所增加，表明医疗资源投入的增加。其中，吉林与安徽增幅最为明显：吉林2019年每千人口卫生技术人员为7.70人，2020年为8.81人，增长14.4%，从全国第10名跃升为第3名；安徽2019年每千人口卫生技术人员为5.93人，2020年为6.75人，增长13.8%。

3. 人均图书馆藏书量

图10-10给出了人均图书馆藏书量的省际数据对比情况，该指标数值越大说明图书馆藏书越多。统计数据显示，2020年上海的人均图书馆藏书量为3.25册，远高于其他省份；河南、贵州、河北、云南等省份的人均图书馆藏书量不足0.5册。相比2019年，各省份在该指标上均有所增加，排名基本不变。文化部印发的《"十三五"时期全国公共图书馆事业发展规划》指出，到2020年全国人均公共图书馆藏书量将达到1册。根据实际数据计算可得，2020年全国人均公共图书馆藏书量不足0.81册，人均公共图书馆藏书量达到1册的省份不足10个，与目标尚有一定距离。这表明公共图书馆资源投入仍有待增加。

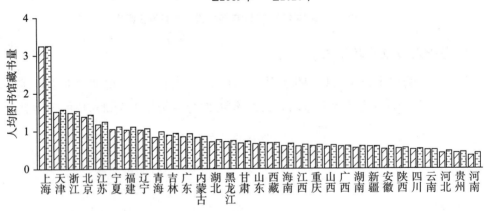

图10-10　2019年和2020年各省份人均图书馆藏书量

4. 公路密度

图10-11给出了公路密度的省际数据对比情况。根据统计数据，公路密度在各省份呈现出明显的不均等特征：上海、天津、北京等经济发展比较好的地区公路密度已达8～19，意味着每平方公里就有0.8～1.9万平方米的道路，远远高于其他地区。而西藏、内蒙古、甘肃等地区公路密度较低，不足0.5。除了地广人稀的因

素外，这与东中西部发展差异有很大关系：整体而言，东部地区发展水平最高，西部地区相对滞后，中部地区介于两者之间。而公路密度大小也呈现出明显的区域差异：2020年公路密度排名前10的省份中有8个属于东部地区，排名后10的省份中有8个属于西部地区。相比2019年而言，除福建、海南、广东略微减少外，各省份公路密度均略有增加，但变化不大，整体上较为稳定。公路建设对推动城镇化建设、统筹城乡发展、推动城市群建设有着重要的作用，在未来应当科学规划交通基础设施建设，逐步缩小地区差异，以基础设施建设推动城市群建设和城镇化发展。

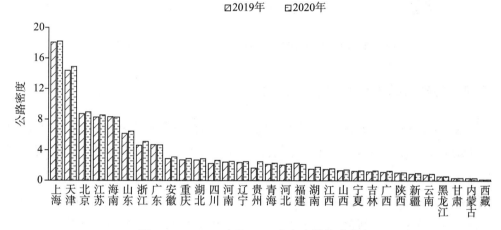

图 10-11 2019 年和 2020 年各省份公路密度

5. 每千人口民政机构床位数

图 10-12 给出了每千人口民政机构床位数的省际对比情况，该指标值越大，代表该省份对于民政服务的资源提供越多。统计数据显示，各省份提供的民政机构床位数有明显的差异，吉林和安徽每千人口民政机构床位数已超过6张，而海南、甘肃、青海、广西等省份每千人口民政机构床位数不足2张。2020年该指标前10名中有6个来自东部地区，4个来自中部地区，后10名中6个来自西部地区，3个来自东部地区，1个来自中部地区。经济发展水平高，一方面保证了提供基本公共服务资源的资金，对指标值有正向作用；另一方面吸引大量劳动力涌入，使得人均公共资源较为紧张，对指标值有负向作用。这也解释了为什么前10名中没有西部省份，而广东、福建等东部省份排名也较为靠后。相比2019年，绝大多数省份2020年每千人口民政机构床位数均有所增加，其中安徽增长最为明显。

☐2019年   ☐2020年

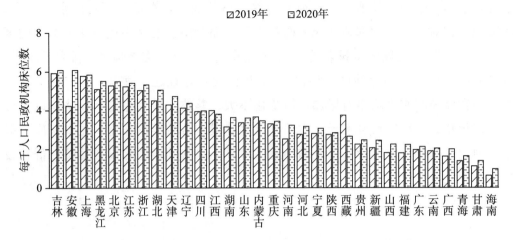

图 10 - 12   2019 年和 2020 年各省份每千人口民政机构床位数

10.2.3　各省份基本公共服务指数的排名

根据各省份的基础数据，使用指数化的方法得到各省份基本公共服务指数的情况，得分越高则表明基本公共服务提供得越多。从图 10 - 13 中可以看出，各省份基本公共服务指数存在两极化差异，排名最后的广西基本公共服务指数为 25.01 分，排名第一的上海基本公共服务指数为 79.72 分，约为广西该指标的 3 倍。基本公共服务指数也存在区域间不均衡的特征：2020 年基本公共服务指数排名前 10 的省份中，7 个来自东部地区，2 个来自中部地区，1 个来自西部地区；排名后 10 的省份中，5 个来自西部地区，3 个来自东部地区，2 个来自中部地区。一方面，经济

☐2019年   ☐2020年

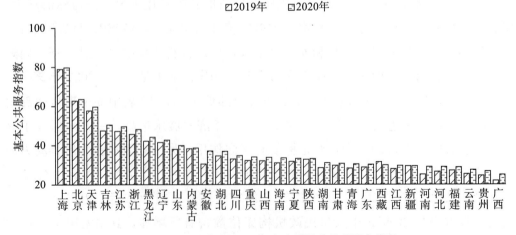

图 10 - 13   2019 年和 2020 年各省份基本公共服务指数

发展程度较好的地区有更高的财力提供基本公共服务；另一方面，经济发展程度更好的地区会吸引大量人口流入，使得基本公共服务资源相对紧张，这也解释了广东等地基本公共服务总指数排名常年靠后的现象。

根据表10-2，各省份2019年和2020年基本公共服务指数排名变化不大。前8名未发生变化，除吉林和黑龙江外均为东部省份，后10名多为西部省份，中部省份排名大多居中，这表明东中西部地区基本公共服务质量存在一定的区域不均衡现象。基本公共服务水平往往与地区经济发展水平和地方政府财力呈现正相关关系，而广东、福建、河北等东部省份排名靠后，一方面可能与人口流入较多导致基本公共服务资源紧张有关，另一方面侧面反映出地方政府对基本公共服务投入的关注度。广西省连续两年垫底，各项指标均处于极低水平，在量入为出的基础上应当进一步加大基本公共服务建设。

表10-2 2019年和2020年各省份基本公共服务指数和排名

2019 年排名	省份	2019 年指数	2020 年排名	省份	2020 年指数
1	上海	78.90	1	上海	79.72
2	北京	62.74	2	北京	63.56
3	天津	57.73	3	天津	59.68
4	吉林	47.52	4	吉林	50.48
5	江苏	47.27	5	江苏	49.63
6	浙江	45.74	6	浙江	48.19
7	黑龙江	42.16	7	黑龙江	44.18
8	辽宁	41.51	8	辽宁	42.68
9	内蒙古	38.27	9	山东	39.91
10	山东	37.99	10	内蒙古	38.65
11	湖北	34.63	11	安徽	37.12
12	四川	33.03	12	湖北	36.92
13	陕西	32.80	13	四川	34.75
14	重庆	32.25	14	重庆	34.04
15	山西	32.09	15	山西	33.83
16	宁夏	31.76	16	海南	33.55
17	西藏	31.52	17	宁夏	33.26
18	海南	31.03	18	陕西	33.17
19	安徽	30.50	19	湖南	31.06

续表

2019 年排名	省份	2019 年指数	2020 年排名	省份	2020 年指数
20	甘肃	29.71	20	甘肃	30.70
21	新疆	29.43	21	青海	30.42
22	广东	28.79	22	广东	30.20
23	湖南	28.53	23	西藏	29.93
24	青海	28.27	24	江西	29.63
25	江西	27.96	25	新疆	29.44
26	福建	27.18	26	河南	29.06
27	河北	26.56	27	河北	29.00
28	云南	25.40	28	福建	28.85
29	河南	25.17	29	云南	27.49
30	贵州	24.55	30	贵州	26.78
31	广西	21.97	31	广西	25.01

10.3 基本公共服务指数小结

基本公共服务是由政府主导、保障全体公民生存和发展基本需要、与经济社会发展水平相适应的公共服务。基本公共服务均等化的目的是实现居民间、城乡间、区域间的均等化，实现社会发展成果共享。十九大报告明确提出到 2035 年基本实现基本公共服务均等化。2021 年 3 月，国家发展改革委联合 20 个部门出台《国家基本公共服务标准（2021 年版）》，明确了幼有所育、学有所教、劳有所得、病有所医、老有所养、住有所居、弱有所扶、优军服务保障、文体服务保障等 9 个方面、22 大类、80 个服务项目的服务对象、服务内容、服务标准、支出责任以及牵头负责单位，并要求各地进一步细化充实本地区的相关服务标准和服务流程，确保国家标准落地落实。这一举措是对基本公共服务均等化要求的进一步规范化。加快基本公共服务设施建设，应当发挥市场和社会优势，提高供给能力和效率。政府财政支出结构也应当从增长导向的生产性建设逐步转移到民生导向的教育、医疗、文化等民生公共服务。

尽管各省份基本公共服务水平逐年提高，差距也日益缩小，但是距离实现基本公共服务均等化的目标仍任重而道远。我国基本公共服务发展不均衡存在两大特征：第一，基本公共服务水平往往与地区的经济发展水平相关，整体来看东部地区优于中部地区，中部地区优于西部地区。不同省份实际经济环境差异较大，地方政府财力水平不同，因而基本公共服务的建设存在一定差异。针对区域不均衡现象，可以加大对落后地区财力的支持保障力度，缩小地区间差距，对于财力不足的地区，可以用相应的专项转移支付和一般转移支付促使其提高基本公共服务，在量入为出的基础上促进基本公共服务建设。第二，流动人口规模的增加给一些经济发展水平较高的省份带来了基本公共服务资源供给的紧张。一方面中央可以对人口流入大省进行针对性的扶持和帮助，另一方面各省份也应在经济发展和财政可持续的基础上加强基本公共服务建设。

第十一章　省内财政均衡性指数

本部分通过构建省内财政均衡性指数，衡量了省份内部各个地级市的财政运行均衡情况。本章使用省内各市人均财政收入差距、省内各市人均财政支出差距、省内转移支付均等化力度以及省内各市基本公共服务差距等4个分项指标对省内财政运行均衡情况进行刻画（见表11-1）。

表 11-1　省内财政均衡性指数分项指标构成

指标名称	指数方向	权重	指标类别	定义
7. 省内财政均衡性指数		**100%**	**方面指数**	
7a 省内各市人均财政收入差距	负向	25%	分项指标	省内各市人均财政收入的基尼系数
7b 省内各市人均财政支出差距	负向	25%	分项指标	省内各市人均财政支出的基尼系数
7c 省内转移支付均等化力度	正向	25%	分项指标	省内各市人均财政支出的基尼系数－省内各市人均财政收入的基尼系数
7d 省内各市基本公共服务差距	负向	25%	分项指标	省内各市基本公共服务指数的基尼系数

地级市数据来自历年《中国城市统计年鉴》，该年鉴数据仅包括地级市，不含地区和自治州。本部分在编制指数时剔除了北京、上海、天津、重庆4个直辖市，以及所辖地级市数量较少（多数年份小于3个）的海南、西藏、青海、新疆4个省份。因此本章仅计算余下的23个省份的省内财政均衡性指数。同时，由于至本书稿撰写完成时《中国城市统计年鉴》仅公布至2019年，因此本章省内财政均衡性指数数据仅呈现到2019年。

11.1　省内财政均衡性指数的平均趋势

11.1.1　方面指数的平均趋势

2008—2019 年全国各省份省内财政均衡性指数得分的算术平均值整体上呈现波动上升趋势。图 11-1 显示，指数得分在 2010 年、2013 年、2014 年之外的年份均环比增加，特别是在 2009 年和 2012 年得分与前一年相比提升幅度较大。近 5 年来，省内财政均衡性指数稳步上升，全国各省份省内财政运行情况日趋均衡。其中，2018 年省内财政均衡性指数平均值为 65.07 分，2019 年上升至 66.11 分。省内财政均衡性指数的上升，意味着省内各市财政收入、财政支出和基本公共服务的均衡程度逐渐提高，省内转移支付均等化力度不断加大，我国各省份省内财政运行的均衡性在不断优化。

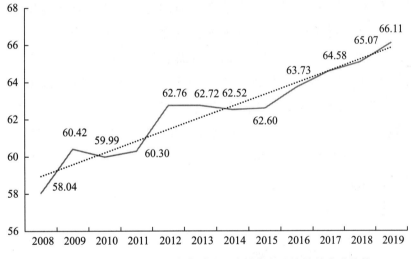

图 11-1　2008—2019 年省内财政均衡性指数平均值的变动趋势

11.1.2　分项指标的平均趋势

图 11-2 至图 11-5 分别展示了全国各省份 2008—2019 年的省内各市人均财政收入差距、省内各市人均财政支出差距、省内转移支付均等化力度和省内各市基本公共服务差距等 4 个分项指标的变化趋势。与 2008 年相比，2019 年各项指标均发生了较为显著的变化。平均来看，全国各省份省内各市人均财政收入差距、省内各市人均财政支出差距、省内各市基本公共服务差距均呈现明显的下降趋势，省内转

移支付均等化力度则逐步提高。

从分项指标来看，在财政收入的省内均衡方面，全国各省份省内各市人均财政收入差距的算术平均值从 2008 年的 0.384 逐步减小至 2014 年的 0.347，2015 年略有提高至 0.353，2015—2018 年保持稳定，2019 年小幅下降至 0.347。在财政支出的省内均衡方面，全国各省份的省内各市人均财政支出差距的算术平均值逐年下降，从 2008 年的 0.217 下降到 2019 年的 0.162，下降幅度约为 25%，这表明平均来看各省份内部的财政支出均衡性取得了较为明显的提高。作为省内各市人均财政收入差距与省内各市人均财政支出差距的差值，省内转移支付均等化力度越大，意味着省内财政收入再分配程度越高。2008—2012 年，省内转移支付均等化力度在 0.170 左右波动，2013 年与 2014 年，由于全国各省份省内各市人均财政收入的均衡性提升较多，省内财政收入可进行再分配的空间减少，省内转移支付均等化力度出现了一定幅度的下降。2015 年及以后，随着财政收入省内均衡性的稳定和财政支出省内均衡性的提高，省内转移支付均等化力度指标呈现逐年上升的趋势，至 2019 年已达到 0.185。而在基本公共服务的省内均衡方面，与其他指标不同，在 2008—2015 年全国各省份的省内各市基本公共服务差距波动较大。该指标从 2008 年的 0.132 大幅减小至 2009 年的 0.121，进而上升至 2011 年的 0.128，2012 年减小至 0.110 后保持相对稳定，在 2015 年又上升至 0.115。2016 年以来全国各省份省内各市基本公共服务差距的平均值逐渐减小，到 2019 年已减小至 0.105，这表明近几年我国各省份在基本公共服务的资源投入配置方面取得了一定进步，省内各市基本公共服务的均衡性在稳步提高。

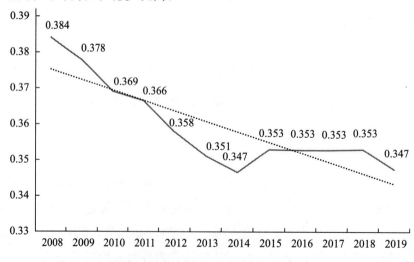

图 11-2　2008—2019 年省内各市人均财政收入差距的平均值

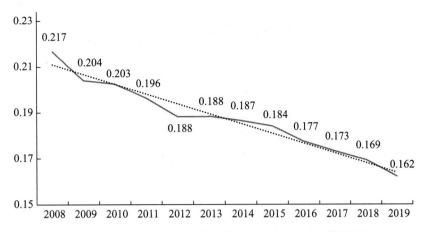

图 11-3 2008—2019 年省内各市人均财政支出差距的平均值

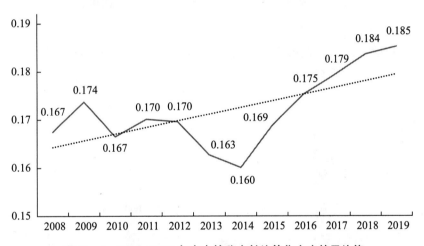

图 11-4 2008—2019 年省内转移支付均等化力度的平均值

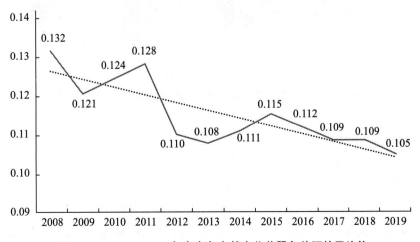

图 11-5 2008—2019 年省内各市基本公共服务差距的平均值

11.2 省内财政均衡性指数的省际比较

11.2.1 东中西部地区的对比

图 11-6 展示了 2019 年我国东中西部地区省内财政均衡性指数各分项指标的对比情况，整体来看，不同地区省内财政均衡性指数存在一定差异。省内各市人均财政收入差距方面，中部地区最小，为 0.283，显著小于东部地区和西部地区。省内各市人均财政支出的均衡程度方面，中部地区和西部地区省份的省内各市人均财政支出差距较小，均未超过 0.14，其均衡程度明显高于东部地区省份。从省内转移支付均等化力度来考量，西部地区的省内财政收入再分配程度最高，达到了 0.261。因此，尽管西部地区省份在省内各市人均财政收入上存在较大差距，但其却成为省内各市人均财政支出最平衡的地区。此外，东中西部地区省内各市基本公共服务指数的均衡程度类似，不存在明显的地区差异。

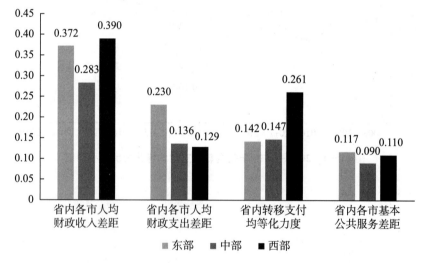

图 11-6 2019 年东中西部地区省内财政均衡性指数分项指标

11.2.2 分项指标的省际比较

1. 省内各市人均财政收入差距

图 11-7 展示了 2018 年与 2019 年全国各省份省内各市人均财政收入差距的情况，该指标为负向指标，其值越大说明该省份各市人均财政收入的均衡性越低。数据显示，2019 年江西、山西和吉林省内各市人均财政收入差距最小，分别为

0.206、0.222 和 0.224。而广东 2019 年的该项差距为 0.633,远超其他省份,这很大程度上源于广东省内粤东西北与珠三角地区巨大的经济发展差距。

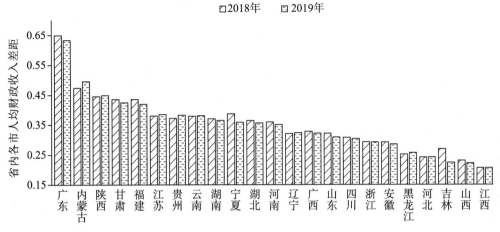

图 11 - 7 2018 年和 2019 年各省份省内各市人均财政收入差距对比

和 2018 年相比,吉林与宁夏在 2019 年较好地缩小了省内各市人均财政收入的差距,分别下降 16.9% 和 7.3%。而内蒙古的该项差距却明显地进一步增大,增长 4.6%。此外,图 11 - 8 进一步验证,省内各市经济发展水平越不均衡(以省内各市

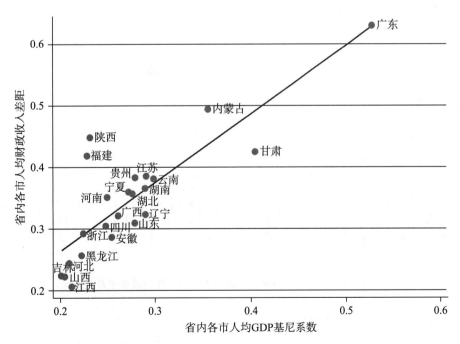

图 11 - 8 2019 年各省份省内各市人均财政收入差距与人均 GDP 基尼系数间的关系

人均 GDP 基尼系数衡量），省内各市人均财政收入就越不均衡，二者之间存在十分显著的正相关关系。可见经济发展水平对财政收入的影响是基础性的，各省份可以通过健全省内各市的区域合作互助机制，提高省内经济发展水平均衡性，从而缩小各市人均财政收入的差距。

2. 省内各市人均财政支出差距

如图 11-9 所示，2019 年宁夏省内各市人均财政支出极为均衡，省内各市人均财政支出差距仅为 0.036。江西、山西、吉林和云南在该项指标上也表现优秀，差距均未超过 0.1，其中江西、山西与吉林在省内人均财政收入与人均财政支出均衡性排行中均位列前 5。而广东的省内各市人均财政支出差距较大，与其在省内人均财政收入差距排行中相同，远超其他省份。此外，省内各市人均财政支出差距最大的 4 个省份均为东部地区省份，也可看出东部地区的该项差距要大于中西部地区。

同 2018 年对比，全国大多数省份 2019 年省内各市人均财政支出差距缩小，其中宁夏、云南、浙江的该项差距缩小得较为明显，分别下降 49.1%、20.0% 和 10.9%，尤其是宁夏在省内各市人均财政支出差距本就较小的情况下进一步提高了均衡性。但黑龙江省内各市人均财政支出差距却大幅增长，2019 年较 2018 年提高了 25.3%。

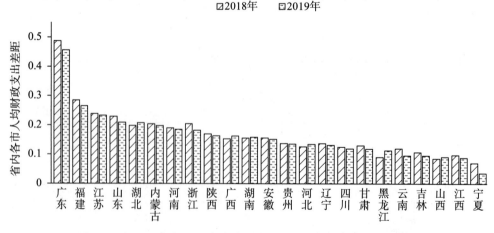

图 11-9　2018 年和 2019 年各省份省内各市人均财政支出差距对比

3. 省内转移支付均等化力度

省内财政收入的再分配有利于调节初次分配时形成的省内各市收入分配差异，促进社会公正、公平，维护社会稳定。图 11-10 展示了 2018 年和 2019 年各省份省内转移支付均等化力度的情况。2019 年，宁夏、甘肃和内蒙古位列前 3，其省内转移支付均等化力度较大。山东、河北、浙江排在倒数 3 位，其省内财政收入再分配力度较小，当然这也与其省内各市人均财政收入差距本就较小，省内可进行转移支付均等化的空间不大有关。值得一提的是，省内转移支付均等化力度排名前 6 的省份均位于西部地区，西部地区省份省内财政收入再分配力度明显大于东部地区省份和中部地区省份。

相比于 2018 年，各省份 2019 年省内转移支付均等化力度的变化方向不一，但更多的省份加大了省内转移支付均等化力度，提高了省内财政收入的再分配程度。其中，浙江和内蒙古显著加大了再分配力度，增加幅度均超过 10%。而吉林却有所减小，2019 年省内转移支付均等化力度相较于 2018 年降低了 0.034，下降 21.1%，这与其在 2019 年显著缩小了省内各市人均财政收入差距有关。

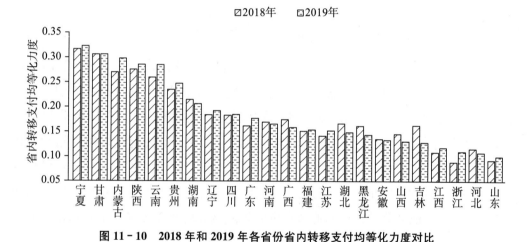

图 11-10　2018 年和 2019 年各省份省内转移支付均等化力度对比

4. 省内各市基本公共服务差距

图 11-11 给出了省内各市基本公共服务差距的省际比较情况。2019 年，全国各省份省内各地级市的基本公共服务均等化程度较高，除广东外均未超过 0.15，说明在脱贫攻坚战中，省内基本民生保障和社会公共服务均衡性较好，有利于社会的公平与公正。从数据上来看，2019 年江西和陕西省内各市基本公共服务差距最小，分别为 0.063 和 0.065，东中西部地区省内各市基本公共服务差距也不存在明显的差异。

和 2018 年相比，2019 年黑龙江、甘肃、江苏等省份省内各市基本公共服务差距扩大，增长幅度超过 30%。贵州省内各市基本公共服务差距显著缩小，2019 年相较 2018 年下降 41.4%，绝对数值降低了约 0.1，表明该省在为实现基本公共服务均等化目标上做出了较大努力。

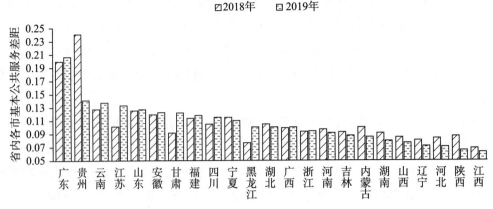

图 11 - 11   2018 年和 2019 年各省份省内各市基本公共服务差距对比

11.2.3   各省份省内财政均衡性指数的排名

图 11 - 12 给出了全国各省份 2019 年省内财政均衡性指数及其相较于 2018 年的变动情况。省内财政均衡性指数是由上述 4 个指标综合得出，得分越高表明该省份省内财政运行情况越均衡。2019 年省内财政均衡性指数全国各省份得分均值为 66.11，得分排名前 3 的省份分别是宁夏、江西和山西。省内财政均衡性指数两极差异较大，排名末位的广东得分仅 29.29，而省内财政均衡性最高的宁夏得分为 81.55，约为广东省得分的 3 倍。并且，2019 年全国各省份省内财政均衡性指数也存在较为明显的地区差异，东部地区省份的省内财政均衡性普遍低于西部地区和中

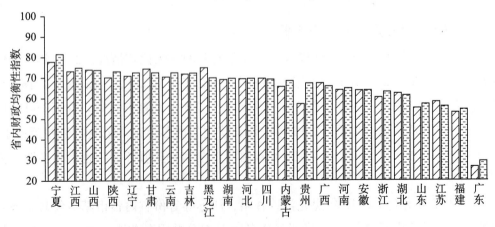

图 11 - 12   2018 年和 2019 年各省份省内财政均衡性指数对比

部地区省份，排名后 4 位的广东、福建、江苏和山东均为东部地区省份。作为参照，2018 年全国各省份省内财政均衡性指数得分的平均值为 65.07，2019 年全国大多数省份的财政运行均衡情况相比 2018 年都取得了一定的进步，尤其是贵州与广东，指数得分增长率均超过 10%，全国各省份财政正朝着省内均衡的方向发展。

表 11-2 展示了全国各省份 2018 年和 2019 年省内财政均衡性指数的排名变化情况。相比于 2018 年，2019 年有 9 个省份排名上升，其中陕西从第 9 名上升到第 4 名，贵州从第 20 名上升至 14 名，均上升了至少 5 名，这与两个省份在 2019 年均显著缩小了省内各市基本公共服务差距有关。有 5 个省份在这两年排名保持不变，宁夏继续位列第一，在指数得分上也取得了不小的进步。尽管广东与福建 2019 年仍然位列倒数两位，但其在省内财政均衡性指数的得分上也得到了一定的提高，财政也正向着省内均衡的方向发展。当然，广东与福建可以在保证财政运行稳定性的基础上进一步加大财政收入再分配力度，从而进一步提高均衡性。除此之外，还有 9 个省份省内财政均衡性指数排名下降。黑龙江从第 2 名降低到了第 9 名，下滑幅度最大，一方面黑龙江在 2019 年降低了省内转移支付均等化力度，另一方面这与其省内各市基本公共服务差距进一步拉大，均衡性出现了一定程度的下降有关。

表 11-2　2018 年和 2019 年各省份省内财政均衡性指数和排名

2018 年排名	省份	2018 年指数	2019 年排名	省份	2019 年指数
1	宁夏	77.73	1	宁夏	81.55
2	黑龙江	74.69	2	江西	74.81
3	甘肃	74.19	3	山西	73.64
4	山西	73.84	4	陕西	72.94
5	江西	73.11	5	辽宁	72.35
6	吉林	71.66	6	甘肃	72.33
7	辽宁	70.74	7	云南	72.29
8	云南	70.24	8	吉林	72.12
9	陕西	70.02	9	黑龙江	69.79
10	四川	69.51	10	湖南	69.51
11	河北	69.29	11	河北	69.49
12	湖南	68.93	12	四川	69.08
13	广西	67.19	13	内蒙古	68.30
14	内蒙古	65.48	14	贵州	67.12
15	河南	63.85	15	广西	65.68

续表

2018 年排名	省份	2018 年指数	2019 年排名	省份	2019 年指数
16	安徽	63.70	16	河南	64.70
17	湖北	62.28	17	安徽	63.74
18	浙江	60.30	18	浙江	62.97
19	江苏	58.13	19	湖北	61.29
20	贵州	57.10	20	山东	57.06
21	山东	55.14	21	江苏	55.94
22	福建	52.99	22	福建	54.46
23	广东	26.59	23	广东	29.29

11.3 省内财政均衡性指数小结

省内财政均衡性指数显示，近年来我国省内财政均衡性指数得分整体上呈现持续上升的良好态势。总体来看，各省份省内各市人均财政收入、人均财政支出和基本公共服务差距逐渐减小，省内转移支付均等化力度逐渐加大，财政运行的均衡程度日益提高。横向比较看，东部地区省份省内财政的均衡性则要弱于中西部地区省份，地区间存在一定的差异。

党的十九大报告提出，要"加快建立现代财政制度，建立权责清晰、财力协调、区域均衡的中央和地方财政关系"。尽管目前全国各省份省内财政均衡性水平逐渐提高，但距离区域均衡的目标仍有一定差距。在近年来经济增速放缓，尤其是新冠肺炎疫情冲击带来经济下行压力的大背景下，我国财政正面临着前所未有的挑战。在运用更加积极的财政政策来释放经济活力，实施普惠性减税降费政策的同时，也不可避免会带来地区间人均财政收入的差异化。因此，基于本章中关于省内财政均衡性指数的分析，本报告提出以下建议：

第一，完善财政转移支付支持欠发达地区的机制，合理调节地区之间的财力分配。中央及地方政府应强化对于财政资源的再分配力度，对自有财力较弱地区给予更多的转移支付支持，以保障经济内循环的可靠基础。通过自上而下的纵向转移支付，使欠发达地区的可用财力与事权相一致。地方政府还可通过财政资金引导资本、人才等要素流动，以促进省份内各区域的协调发展。

第二，建立健全省份内全区域的战略统筹和区域合作互助机制，以促进各区域的共同发展。地方政府可以在一定程度上打破行政壁垒，消除限制省份内区域间要素自由流动的制度性根源。加强各市在发展规划、基础设施、市场准入、要素流动等方面的协调互动力度，以此实现省份内各市的共同发展，从而在一定程度上提高省份内各市经济发展水平的均衡性。考虑到各市人均财政收入的均衡性与各市经济发展水平的均衡性高度相关，这样的区域合作互助机制也将有利于缩小地区间人均财政收入的差距。

第三，在保证人均财政支出均衡的前提下，优化支出结构，优先保障基本公共服务补短板。"十四五"规划纲要中提出到 2035 年，"基本公共服务实现均等化，城乡区域发展差距和居民生活水平差距显著缩小"。地方政府应优先保障基本公共服务建设支出，加大对欠发达地区基本公共服务建设的保障力度，缩小其与省份内发达地区的差距，从而达成基本公共服务均等化总体实现的目标。

第十二章　城市财政发展指数

为全面衡量各地级市的财政运行状况，本章构建了城市财政发展指数。城市财政发展总指数由城市财政收入稳健指数、城市财政支出优化指数、城市债务可持续指数、城市基本公共服务指数等4个方面指数构成。其中每个方面指数又由若干分项指标构成，共计19个分项指标。城市财政发展指数的具体构成如表12-1所示。

表 12-1　城市财政发展指数构成

指标名称	指数方向	权重	指标类别	定义
1. 城市财政收入稳健指数		**100%**	方面指数	
1a 人均财政收入	正向	70%	分项指标	一般公共预算收入/人口（对数值）
1b 税收收入占比	正向	10%	分项指标	税收收入/一般公共预算收入
1c 大税占比	正向	10%	分项指标	（增值税＋企业所得税＋个人所得税＋营业税）/税收收入
1d 土地财政依赖度	负向	10%	分项指标	土地出让收入/一般公共预算收入
2. 城市财政支出优化指数		**100%**	方面指数	
2a 人均财政支出	正向	40%	分项指标	一般公共预算支出/人口（对数值）
2b 教育支出占比	正向	10%	分项指标	教育支出/一般公共预算支出
2c 医疗支出占比	正向	10%	分项指标	医疗支出/一般公共预算支出
2d 社会保障支出占比	正向	10%	分项指标	就业和社会保障支出/一般公共预算支出
2e 科技支出占比	正向	10%	分项指标	科技支出/一般公共预算支出
2f 环保支出占比	正向	10%	分项指标	节能环保支出/一般公共预算支出
2g 行政管理支出占比	负向	10%	分项指标	一般公共服务支出/一般公共预算支出

续表

指标名称	指数方向	权重	指标类别	定义
3. 城市债务可持续指数		**100%**	**方面指数**	
3a 显性债务率	负向	33.3%	分项指标	地方政府一般债券与专项债券余额之和/GDP
3b 隐性债务率	负向	33.3%	分项指标	地方城投公司的有息债务余额/GDP
3c 广义债务率	负向	33.3%	分项指标	显性债务率+隐性债务率
4. 城市基本公共服务指数		**100%**	**方面指数**	
4a 普通中学师生比	正向	20%	分项指标	普通中学教师数/普通中学在校生数
4b 普通小学师生比	正向	20%	分项指标	普通小学教师数/普通小学在校生数
4c 人均图书馆藏书量	正向	20%	分项指标	公共图书馆藏书量/人口数
4d 人均医生数	正向	20%	分项指标	执业医师数/人口数（每万人）
4e 道路密度	正向	20%	分项指标	年末实有城市道路面积/人口数
城市财政发展总指数			总指数	**城市财政收入稳健指数×0.3+城市财政支出优化指数×0.3+城市债务可持续指数×0.2+城市基本公共服务指数×0.2**

　　绝大多数地级市数据来自历年《中国城市统计年鉴》，由于至本书稿撰写完成时《中国城市统计年鉴》仅公布至 2019 年，因此本章城市财政发展指数数据仅呈现到 2019 年。另外，有部分指标取自各地级市 2020 年统计年鉴以及各地级市 2019 年全市财政决算，地方城投公司的有息债务余额数据来自 Wind 数据库（详见本书附录统计指标解释与数据来源）。

12.1　城市财政发展总指数

　　2019 年城市财政发展总指数得分依旧呈现出较大的地区间不平衡：东部地区城市得分显著高于中西部地区城市，位于各区域中心的大城市得分普遍高于周边的中小城市。

　　如表 12-2 所示，2019 年城市财政发展总指数得分前 10 的城市依次为：深圳、上海、克拉玛依、北京、东莞、苏州、珠海、厦门、广州、杭州。深圳在各个方面指数得分上表现优异，尤其是财政收入稳健指数、财政支出优化指数两个方面指数得分上位列全国第 1，基本公共服务指数得分全国排名第 3，债务可持续指数排名全国第 8，均处于全国领先位置。宁波、无锡、南京等长三角城市表现优秀，得分分列全国第 11 位、第 13 位和第 19 位。中部地区城市中，武汉、合肥、芜湖、太原、晋城分列前 5。西部地区城市前 5 名分别为克拉玛依、林芝、拉萨、鄂尔多斯和乌海。

表 12－2　2019 年城市财政发展总指数得分排名前 50 的城市

排名	城市	总指数得分	排名	城市	总指数得分
1	深圳	75.6	26	哈密	50.6
2	上海	66.5	27	大连	50.5
3	克拉玛依	66.0	28	天津	50.5
4	北京	64.3	29	榆林	50.4
5	东莞	62.4	30	嘉兴	50.3
6	苏州	60.6	31	惠州	50.2
7	珠海	60.2	32	芜湖	50.1
8	厦门	60.1	33	常州	49.5
9	广州	57.3	34	沈阳	49.5
10	杭州	56.8	35	烟台	49.4
11	宁波	56.3	36	淄博	49.2
12	林芝	56.2	37	乌鲁木齐	49.1
13	无锡	56.0	38	威海	48.9
14	拉萨	55.8	39	太原	48.9
15	鄂尔多斯	55.6	40	银川	48.3
16	中山	55.5	41	晋城	47.4
17	乌海	54.5	42	包头	47.3
18	佛山	54.3	43	济南	47.2
19	南京	53.0	44	大庆	47.2
20	东营	52.7	45	郑州	47.1
21	嘉峪关	52.6	46	廊坊	47.0
22	三亚	52.4	47	金昌	46.8
23	青岛	51.5	48	吐鲁番	46.5
24	武汉	51.3	49	福州	46.5
25	合肥	50.7	50	江门	46.4

12.2 城市财政收入稳健指数

12.2.1 东中西部地区对比

如表 12-3 所示,我国城市在财政收入方面存在显著的地区间差异,总体上东部地区明显强于中部与西部地区。中部地区略强于西部地区,二者之间差距不大。具体而言,东中西部地区城市在人均财政收入上存在较大差距,东部沿海地区的人均财政收入远大于内陆地区城市,2019 年东部、中部、西部地区城市人均财政收入平均值分别为 9 190.1 元、3 895.8 元和 4 397.2 元。相比于 2018 年,2019 年东中西部地区人均财政收入均有小幅提高,中西部地区与东部地区的人均财政收入差异也略有缩小。

在税收收入占比和大税占比两项上,总体上均呈现东部向西部依次递减的态势。2019 年中西部地区城市财政收入质量相比 2018 年均有所提高,与东部地区的差距进一步缩小。

在土地财政依赖程度方面,中部地区对土地财政的依赖程度最低,2019 年平均值为 69.3%,而西部地区城市土地出让收入占财政收入的比例最高,达到84.9%。2019 年东中西部地区城市的土地财政依赖度均有较大幅度上升。特别是西部地区城市,土地财政依赖度平均值提高了 14 个百分点。

表 12-3 2018—2019 年东中西部地区城市财政收入稳健指数情况

指标	东部地区		中部地区		西部地区	
	2019 年	2018 年	2019 年	2018 年	2019 年	2018 年
1. 财政收入稳健指数得分	46.8	46.9	36.6	36.0	34.2	34.5
1a 人均财政收入(元)	9 190.1	9 170.4	3 895.8	3 724.1	4 397.2	4 309.2
1b 税收收入占比(%)	75.5	76.3	68.3	67.8	65.8	65.7
1c 大税占比(%)	57.2	58.3	52.3	51.1	51.1	49.4
1d 土地财政依赖度(%)	81.3	74.7	69.3	62.0	84.9	70.7

12.2.2 重点城市对比

本章所定义的重点城市,包括中国大陆地区的直辖市(北京、天津、上海和重庆)、省会城市(不包括拉萨)、计划单列市(深圳、厦门、宁波、青岛和大连),以及苏州、无锡、珠海、东莞、佛山,共计 40 个城市。

从全部城市 2019 年财政收入稳健指数排名上看，位于各区域中心的重点城市都表现更优。图 12 - 1 展示了各重点城市 2019 年的财政收入稳健指数得分，40 个重点城市中，排在财政收入稳健指数前 10 名的城市有 7 个，分别为深圳、上海、北京、苏州、厦门、东莞、宁波。4 个直辖市中，上海、北京排在前列，重庆财政收入稳健情况靠后。5 个计划单列市的排名依次为深圳、厦门、宁波、青岛和大连，且均排在全部城市前 30 名。省会城市中杭州、南京、乌鲁木齐排名靠前，哈尔滨、南宁、西宁则排在倒数 3 位。图 12 - 2 至图 12 - 5 分别展示了 2019 年各重点城市人均财政收入、税收收入占比、大税占比和土地财政依赖度 4 个分项指标的情况。总体来看，东部地区重点城市在各项排名中都领跑全国，中西部地区重点城市虽然在人均财政收入和财政收入质量方面与东部有较大差距，但在各自省份内仍位居前列，优于周边中小城市。

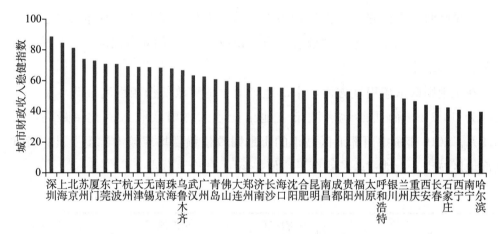

图 12 - 1 2019 年各重点城市的城市财政收入稳健指数得分

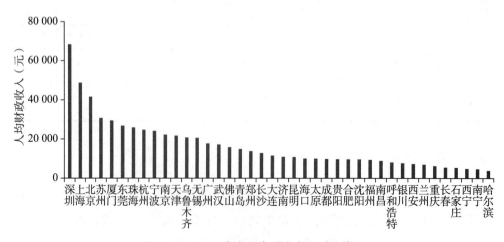

图 12 - 2 2019 年各重点城市人均财政收入

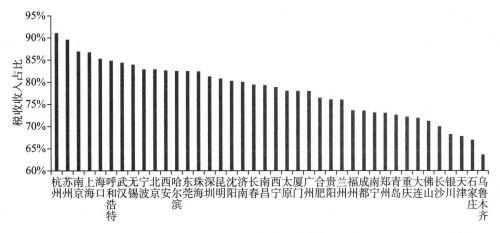

图 12-3 2019 年各重点城市税收收入占比

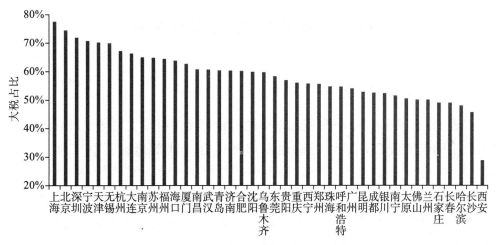

图 12-4 2019 年各重点城市大税占比

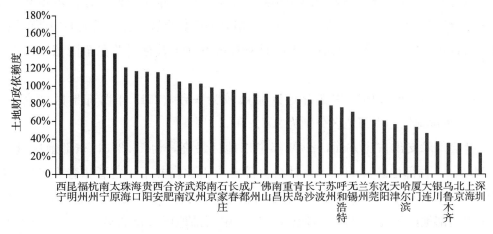

图 12-5 2019 年各重点城市土地财政依赖度

重点城市在人均财政收入方面表现最为突出，平均值为 16 766 元，该水平在全部城市的人均财力排名中对应第 20 位。此外，重点城市税收收入占比表现也较好，除乌鲁木齐、石家庄、天津、银川外，其余 36 个重点城市的税收收入占比均超过全国税收收入占比平均值，在全国城市中排名相对靠前。然而，重点城市大税占比表现平平，排名全国前一半的重点城市有 21 个，同时也有 19 个重点城市排名相对靠后。然而，重点城市对土地财政依赖度较大，有 14 个重点城市 2019 年的土地出让收入超过了一般公共预算收入，分别是：西宁、昆明、福州、杭州、南宁、太原、珠海、海口、贵阳、西安、合肥、济南、武汉、郑州。相比于 2018 年，2019 年中西部地区重点城市的土地财政依赖度排名大幅上升，全部重点城市平均土地财政依赖度也由 80.8% 上升至 88.5%。

12.3　城市财政支出优化指数

12.3.1　东中西部地区对比

如表 12 - 4 所示，2019 年我国东中西部地区城市财政支出优化指数相比 2018 年均有不同程度提高，整体上呈现东部地区强于西部地区、中部地区垫底的特征。

人均财政支出方面，东部地区与西部地区基本持平，中部地区最低，地理上呈现出"中部凹陷"的特征。2019 年东部、中部、西部地区城市人均财政支出算术平均值分别为 14 940.6 元、10 499.9 元和 14 700.3 元。

教育支出占比同样呈现"中部凹陷"特征，2019 年东中西部地区城市教育支出占比分别为 17.5%、15.2%、16.6%。相对来说教育资源更加稀缺的中西部地区对于教育投入的占比反而更小，从长期来看这不利于教育资源在全国范围内的均等化。

医疗支出占比方面东中西部地区城市较为一致，2019 年西部地区稍高，为 9.4%，东部地区与中部地区分别为 9.0% 和 9.3%。

社会保障支出占比方面，2019 年中部地区最高，为 15.3%，东部地区其次，为 14.2%，西部地区为 11.8%。社会保障支出占比高并不一定意味着人民生活的保障体系更加完善，还可能意味着社会保险基金预算存在收支缺口的压力。随着近年来中西部地区年轻人口向东部地区流动，中西部地区人口老龄化问题日益严峻，而这也会加剧中西部地区的社会保障负担。

科技支出占比由东部向西部依次递减，2019年东中西部地区城市的算术平均值分别为2.7%、2.0%和0.9%。

2019年环保支出占比东中西部地区大致相同，分别为3.5%、3.9%、3.1%。其中，中部地区城市平均环保支出占比有较大幅度增加，从2018年的2.9%上升至2019年的3.9%。

2019年行政管理支出占比东中西部地区分别为10.0%、9.7%和9.9%，相比2018年，2019年东中西部地区城市的行政管理支出占比均有不同程度上升。

表12-4 2018—2019年东中西部地区城市财政支出优化指数情况

指标	东部地区		中部地区		西部地区	
	2019年	2018年	2019年	2018年	2019年	2018年
2. 财政支出优化指数	36.2	35.0	32.8	31.3	33.9	33.5
2a 人均财政支出（元）	14 940.6	14 127.2	10 499.9	9 540.7	14 700.3	13 486.1
2b 教育支出占比（%）	17.5	17.6	15.2	15.6	16.6	16.8
2c 医疗支出占比（%）	9.0	9.2	9.3	9.6	9.4	9.2
2d 社会保障支出占比（%）	14.2	13.9	15.3	15.5	11.8	12.0
2e 科技支出占比（%）	2.7	2.5	2.0	1.9	0.9	0.9
2f 环保支出占比（%）	3.5	3.1	3.9	2.9	3.1	2.8
2g 行政管理支出占比（%）	10.0	9.6	9.7	9.4	9.9	8.9

12.3.2 重点城市对比

图12-6给出了2019年各重点城市的城市财政支出优化指数得分，各重点城市依旧表现出色。2019年排在财政支出优化指数前10名的均为重点城市，在前50名的有21个。4个直辖市中，北京、上海分列第2名与第3名，天津第8名，重庆第55名。5个计划单列市的排名依次为深圳、厦门、宁波、大连和青岛，与2018年一致。省会城市中广州、杭州、武汉排名靠前，兰州、长春、南宁排在倒数3位。总体上，东部地区重点城市依旧优势明显，中西部地区重点城市相对省份内其他城市得分排名靠前。

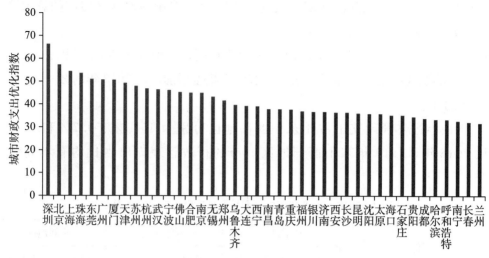

图 12-6 2019 年各重点城市的城市财政支出优化指数得分

图 12-7 至图 12-13 分别展示了 2019 年各重点城市人均财政支出、教育支出占比、医疗支出占比、社会保障支出占比、科技支出占比、环保支出占比以及行政管理支出占比。重点城市的人均财政支出算术平均值为 23 210 元，该水平在全部城市人均财政支出的排名中对应第 27 位。在教育支出占比、医疗支出占比和社会保障支出占比上，重点城市大多排在 25 名后。科技支出占比方面重点城市再次领先，平均为 4.34%。而在环保支出占比和行政管理支出占比上，重点城市与其他城市大致相同。

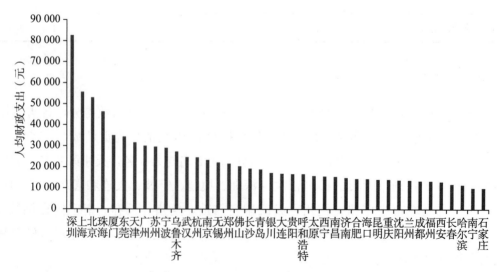

图 12-7 2019 年各重点城市人均财政支出

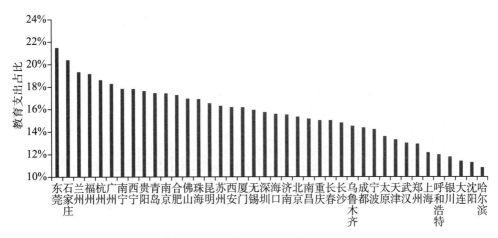

图 12 - 8　2019 年各重点城市教育支出占比

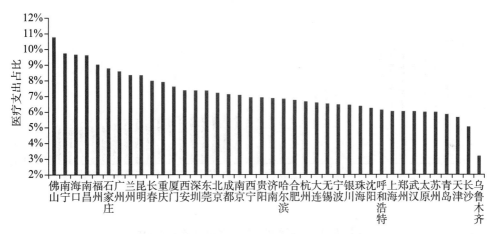

图 12 - 9　2019 年各重点城市医疗支出占比

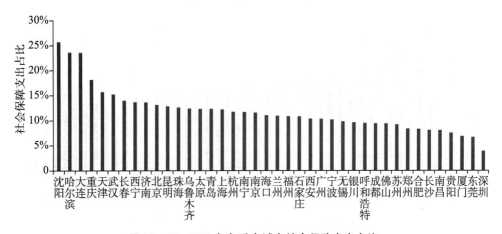

图 12 - 10　2019 年各重点城市社会保障支出占比

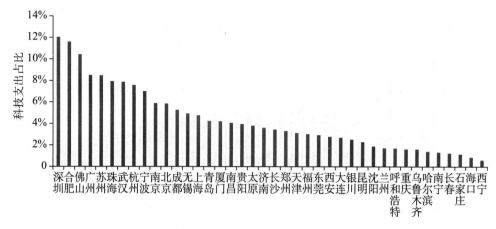

图 12 - 11　2019 年各重点城市科技支出占比

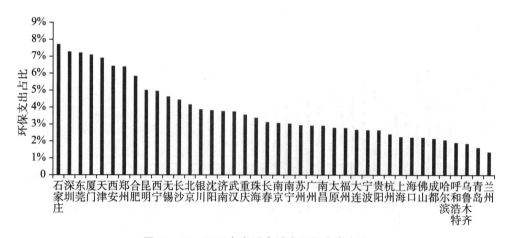

图 12 - 12　2019 年各重点城市环保支出占比

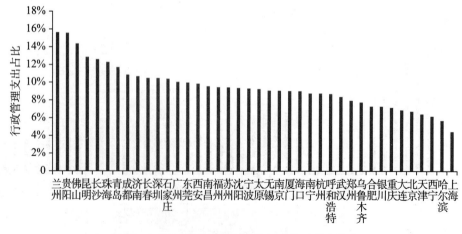

图 12 - 13　2019 年各重点城市行政管理支出占比

12.4　城市债务可持续指数

12.4.1　东中西部地区对比

如表 12-5 所示，总体上我国中部地区城市的债务可持续性最强，东部地区次之，西部地区垫底。在各分项指标上，也大致呈现出中部地区强于东部地区、东部地区又强于西部地区的特征。2019 年，东中西部地区城市的显性债务率分别为 21.6％、19.8％、26.1％，隐性债务率分别为 27.6％、24.2％、26.5％。广义债务率是前两项指标的加总，东中西部地区城市均值分别为 49.2％、44.0％、52.7％。在东中西部地区层面上，每个地区的隐性债务均多于显性债务。2019 年东中西部城市的债务率均呈现上升态势，特别是东部地区城市的隐性债务率有较大幅度上升。

表 12-5　2018—2019 年东中西部地区城市债务可持续指数情况

指标	东部地区		中部地区		西部地区	
	2019 年	2018 年	2019 年	2018 年	2019 年	2018 年
3. 债务可持续指数	80.3	83.3	82.3	84.7	77.9	79.8
3a 显性债务率（％）	21.6	19.2	19.8	16.8	26.1	24.0
3b 隐性债务率（％）	27.6	21.8	24.2	22.0	26.5	24.4
3c 广义债务率（％）	49.2	41.0	44.0	38.8	52.7	48.4

12.4.2　重点城市对比

2019 年各重点城市的城市债务可持续指数得分呈现在图 12-14 中。整体来看，2019 年重点城市在债务可持续方面表现不佳，相比 2018 年整体排名有所下降。具体表现为：首先，债务可持续得分排在全国前 50 名的重点城市仅有 3 个，分别为东莞、深圳、佛山；其次，倒数 10 名的城市中有 9 个是重点城市，分别为贵阳、南宁、昆明、兰州、海口、天津、乌鲁木齐、成都和西安。此外，重点城市中 4 个直辖市的表现不尽如人意，其中上海表现最佳，也只是在 298 个城市中位列全国前一半，重庆、北京、天津的排名则均位于倒数 50 名。5 个计划单列市的排名依次为深圳、青岛、厦门、大连、宁波。省会城市中合肥、银川、沈阳排名相对靠前。分地区来看，东中部地区重点城市表现稍好，西部地区重点城市无论是在全国范围看，还是相对省内其他城市而言，都面临更大的债务压力。

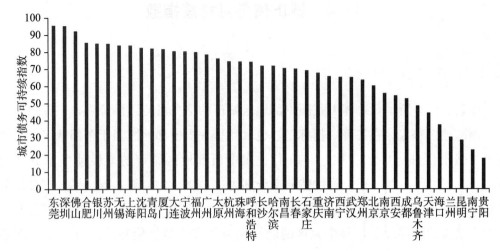

图 12－14　2019 年各重点城市的城市债务可持续指数得分

图 12－15、图 12－16 和图 12－17 分别给出了各重点城市 2019 年的显性债务率、隐性债务率以及广义债务率。重点城市的显性债务率的算术平均值为 20.1％，比 2018 年上升 1.1 个百分点，在全部城市排名中处于后一半的水平。重点城市的隐性债务率的算术平均值为 75.6％，相较 2018 年大幅提高 10.1 个百分点，排名位居全国垫底位置。全国城市中隐性债务率最高的 10 个城市均为重点城市。

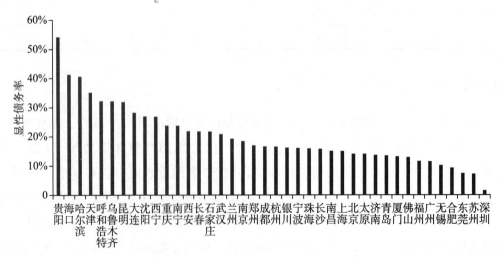

图 12－15　2019 年各重点城市显性债务率

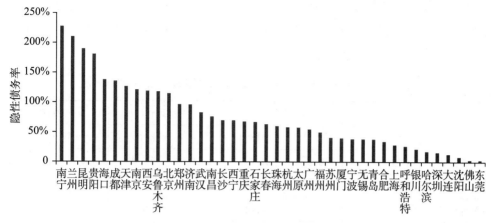

图 12 - 16　2019 年各重点城市隐性债务率

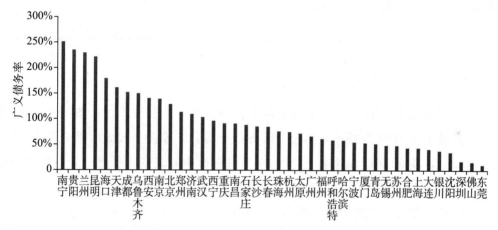

图 12 - 17　2019 年各重点城市广义债务率

12.5　城市基本公共服务指数

12.5.1　东中西部地区对比

如表 12 - 6 所示，2019 年我国东部地区城市的城市基本公共服务指数得分最高，西部略强于中部。

在各分项指标上，2019 年，除师生比指标外，其他指标得分均呈现出"中部凹陷"特征。在基本教育供给方面，从普通中学师生比和普通小学师生比两项指标来看，东中西部地区差异不明显。而在文化生活服务上，东部地区城市的人均图书馆藏书量为 1.25 册，是垫底的中部地区的两倍以上。在医疗服务中，人均医生数方面东部地区优势非常明显，每万人拥有医生 32.1 人，而中西部地区则分别为 24.5 人、26.8 人。在反映城市基础设施建设水平的城市道路密度指标上，东中西部分别为 6.54 平方米、4.04 平方米、5.75 平方米。

表 12 - 6　2018—2019 年东中西部地区城市基本公共服务指数情况

指标	东部地区		中部地区		西部地区	
	2019 年	2018 年	2019 年	2018 年	2019 年	2018 年
4. 基本公共服务指数	22.2	21.6	18.0	17.0	19.5	18.3
4a 普通中学师生比	0.086	0.087	0.085	0.083	0.082	0.083
4b 普通小学师生比	0.061	0.061	0.062	0.062	0.063	0.063
4c 人均图书馆藏书量	1.25	1.09	0.54	0.47	0.73	0.63
4d 人均医生数（每万人）	32.1	30.7	24.5	23.3	26.8	24.2
4e 道路密度	6.54	6.46	4.04	3.91	5.75	5.06

12.5.2　重点城市对比

2019 年重点城市在城市基本公共服务指数得分方面表现出色。图 12 - 18 呈现了各重点城市 2019 年的城市基本公共服务指数得分。排在全国城市得分前 10 名的城市有 5 个，前 50 名的城市有 21 个。4 个直辖市中，北京、上海、天津依次位列前 50，而重庆排在所有重点城市中最后 1 名。5 个计划单列市的排名依次为深圳、厦门、青岛、宁波、大连。省会城市中，南京、广州、乌鲁木齐、太原、杭州排名相对靠前。整体看，东部地区重点城市整体更优，中西部地区重点城市尽管稍稍落后，但相对省内其他城市而言，仍在基本公共服务方面表现更好。

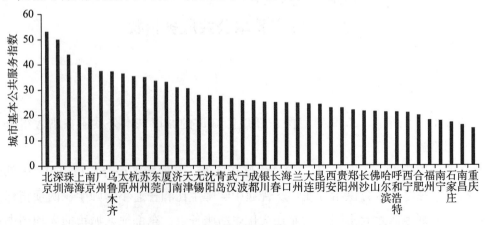

图 12 - 18　2019 年各重点城市的城市基本公共服务指数得分比较

图 12-19 至图 12-23 给出了 2019 年各重点城市普通中学师生比、普通小学师生比、人均图书馆藏书量、人均医生数、道路密度 5 个分项指标的原始数据。2019年重点城市普通中学、普通小学师生比的算术平均值分别为 0.086 和 0.056，排在全国后一半的水平。重点城市人均图书馆藏书量平均值为 2.06 册，每万人拥有医生数平均值为 49 人，道路密度平均值为 12.8 平方米，均处于全国城市前 30 位，相比其他中小城市优势明显。

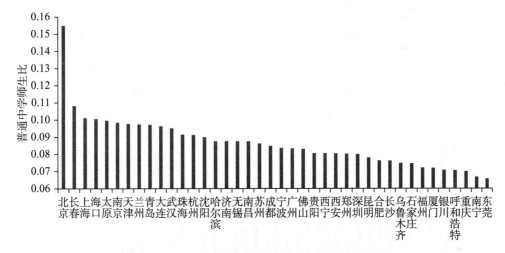

图 12-19　2019 年各重点城市普通中学师生比情况

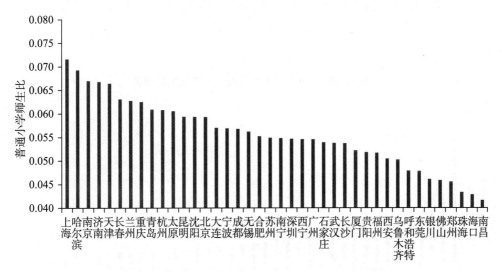

图 12-20　2019 年各重点城市普通小学师生比情况

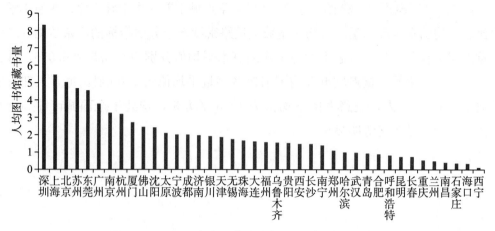

图 12－21　2019 年各重点城市人均图书馆藏书量情况

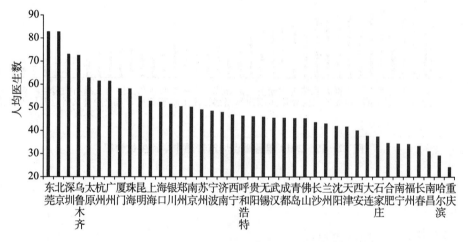

图 12－22　2019 年各重点城市人均医生数情况

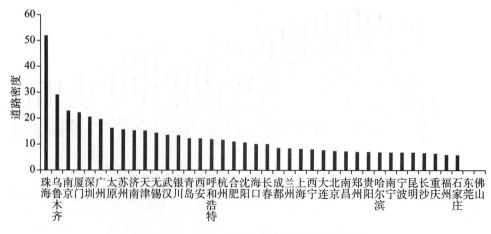

图 12－23　2019 年各重点城市道路密度情况

12.6　城市财政发展指数小结

本章从财政收入、财政支出、政府债务、基本公共服务 4 个维度全面衡量了中国各重点城市 2019 年财政发展情况。总览各城市财政发展指数得分情况，有如下特征：

1. **大城市拥有更加丰富的财政资源**

大城市经济发达，有着更高的人均 GDP、人均财政收入和人均财政支出，负债水平也远超中小城市，并且在基本公共服务提供方面也做得更好。北上广深 4 个一线城市在除债务可持续指数外的各个方面指数得分中均名列前茅，其他重点城市也有不错的表现。

2. **东部地区城市财政发展水平更高**

城市财政发展水平呈现空间上的不平衡性。总体来看，东部地区城市财政发展指数显著高于中西部地区城市。在财政收入方面，人均财政收入从东部沿海地区向中西部内陆地区依次降低。政府债务方面，中部地区城市的负债水平更低。而在财政支出和基本公共服务上，城市得分均呈现出"中部凹陷"的特征，即东部最强、西部次之、中部垫底。

3. **土地财政与政府债务问题加重**

相比于 2018 年，2019 年各城市土地财政依赖度以及政府债务水平显著提高，特别是对于中西部地区重点城市而言该问题尤为突出。大城市政府债务的快速积累以及对于土地财政依赖度的提高，不利于宏观经济风险的化解以及高房价等民生问题的解决。

附录　统计指标解释与数据来源

一、衡量财政收入情况的指标说明

1. 人均财政收入：指地区内人均一般公共预算财政收入，用于衡量地区财力充裕水平。数据来源：《中国统计年鉴》。

2. 税收收入占比：指税收收入占一般公共预算收入的比重，用于衡量地区财政收入结构和规范化水平。数据来源：《中国统计年鉴》。

3. 大税占比：在 2017 年全面"营改增"前，该指标指增值税、营业税、企业所得税和个人所得税四大税种占税收收入的比重；在全面"营改增"后，该指标指增值税、企业所得税和个人所得税三大税种占税收收入的比重。该指标用于衡量与经济增长密切相关的大税种收入所占比重。数据来源：《中国统计年鉴》。

4. 土地财政依赖度：指地区土地出让收入占一般公共预算收入的比重，用于反映该地区对土地财政的依赖程度以及通过土地出让获取的收入占比。数据来源：2017 年及以前数据来源于《中国国土资源年鉴》，2018 年及以后数据来源于决算报告或预算执行情况报告。

二、衡量财政支出情况的指标说明

1. 人均财政支出：指人均一般公共预算支出，用于反映地方政府人均财政支出总量。数据来源：《中国统计年鉴》。

2. 教育支出占比：指地方政府一般公共预算支出中教育支出的占比，用于反映地方政府对教育的重视程度，是民生性财政支出的重要指标之一。数据来源：《中国统计年鉴》。

3. 医疗支出占比：指地方政府一般公共预算支出中医疗卫生支出的占比，用于反映地方政府对医疗的重视程度，是民生性财政支出的重要指标之一。数据来源：《中国统计年鉴》。

4. 社会保障支出占比：指地方政府一般公共预算支出中就业和社会保障支出的占比，用于反映地方政府对社会保障支出责任的承担，是民生性财政支出的重要指标之一。数据来源：《中国统计年鉴》。

5. 科技支出占比：指地方政府一般公共预算支出中科技支出的占比，用于反映地方政府对科技发展的重视程度。数据来源：《中国统计年鉴》。

6. 环保支出占比：指地方政府一般公共预算支出中节能环保支出的占比，用于反映地方政府在发展绿色经济方面所做的努力。数据来源：《中国统计年鉴》。

7. 行政管理支出占比：指地方政府一般公共预算支出中一般公共服务支出的占比，用于反映地方政府行政管理能力与效率的高低。数据来源：《中国统计年鉴》。

8. 投资性支出占比：指地方政府一般公共预算支出中财政性投资支出的占比，用于反映地方政府的投资倾向。数据来源：《中国统计年鉴》。

三、衡量财政收支平衡情况的指标说明

1. 显性债务率：指地方政府一般债券与专项债券余额之和与 GDP 的比值，用于反映地方政府负有偿还责任的负债水平。数据来源：财政部、《中国统计年鉴》。

2. 隐性债务率：指地方城投公司的有息债务余额与 GDP 的比值，用于反映地方政府在法定政府债务限额之外直接或承诺以财政资金偿还等方式举借的债务。数据来源：Wind 数据库、《中国统计年鉴》。

3. 广义债务率：指显性债务率与隐性债务率之和，用于反映地方政府整体的负债水平。数据来源：财政部、Wind 数据库、《中国统计年鉴》。

4. 养老保险抚养比：指城镇职工养老保险参保人当中的退休人数与在职职工人数之比，用于反映城镇职工基本养老保险中职工人均负担的赡养退休人口的数量。数据来源：《中国统计年鉴》。

5. 养老保险基金盈余率：指养老保险基金当年收支盈余（缺口）与当年收入之比，用于反映城镇职工基本养老保险的流量变化。数据来源：《中国统计年鉴》。

6. 养老保险基金人均累计结余：指城镇职工养老保险基金累计结余与参保人数之比，用于反映城镇职工基本养老保险的存量变化。数据来源：《中国统计年鉴》。

7. 医疗保险基金盈余率：指医疗保险基金当年收支盈余（缺口）与当年收入之比，用于反映城镇职工基本医疗保险的流量变化。数据来源：《中国统计年鉴》。

四、衡量财政资金管理情况的指标说明

1. 财政支出预决算偏离度：指决算执行的结果与预算编制的偏离程度，用于反映政府预算的总额控制能力。数据来源：《中国统计年鉴》以及各省份预算执行情况和预算草案。

2. 审计违规金额占比：指地方政府该年审计违规金额占当年财政支出执行金额的比例，用于反映政府部门是否合规、有效地执行了预算。数据来源：《中国审计年鉴》。

3. 财政透明度指数：财政透明度指数反映每个省份的财政信息公开透明程度。数据来源：上海财经大学编写的《中国财政透明度报告》。

五、衡量均等化情况的指标说明

1. 义务教育生师比：指义务教育阶段每位教师平均所教的学生数，用于反映义务教育阶段教师数量充足程度。数据来源：《中国统计年鉴》。

2. 每千人口卫生技术人员：指每千名年末常住人口中拥有的卫生技术人员数，用于反映一个国家或地区的医疗卫生资源水平。数据来源：《中国统计年鉴》。

3. 人均图书馆藏书量：指居民人均拥有的公共图书馆图书数量，用于反映一个国家或地区的公共文化服务资源水平。数据来源：《中国统计年鉴》。

4. 公路密度：指年末实有道路面积相比行政区域土地面积的大小，用于反映一个国家或地区的基础设施建设情况。数据来源：《中国统计年鉴》。

5. 每千人口民政机构床位数：指每千名年末常住人口中拥有的民政机构床位数，用于反映一个国家或地区的民政服务资源水平。数据来源：《中国统计年鉴》。

6. 省内各市人均财政收入差距：指省内各地级市人均财政收入的基尼系数值，用于反映一个省份内部的财政收入的不均衡程度。数据来源：《中国城市统计年鉴》。

7. 省内各市人均财政支出差距：指省内各地级市人均财政支出的基尼系数值，用于反映一个省份内部的财政支出的不均衡程度。数据来源：《中国城市统计年鉴》。

8. 省内转移支付均等化力度：指省内各市人均财政支出的基尼系数与省内各市人均财政收入的基尼系数的差值，用于反映一个省份省内财政收入的再分配程度。数据来源：《中国城市统计年鉴》。

9. 省内各市基本公共服务差距：指省内各地级市基本公共服务指数的基尼系数值，用于反映一个省份内部的基本公共服务的不均衡程度。数据来源：《中国城市统计年鉴》。

六、城市财政发展指数分项指标说明

1. 人均财政收入：指地级市全市人均一般公共预算财政收入（对数值），用于衡量各地级市财力水平。其中，人口数据采用年末户籍人口数。数据来源：《中国城市统计年鉴》。

2. 税收收入占比：指地级市全市税收收入占一般公共预算收入的比重，用于衡量各地级市财政收入结构和规范化水平。数据来源：各省份统计年鉴、各地级市全市一般公共预算决算表格、《中国城市统计年鉴》。

3. 大税占比：指地级市全市增值税、企业所得税和个人所得税三大税种占税收收入的比重，用于衡量与经济增长密切相关的大税种收入所占比重。数据来源：各省份统计年鉴、各地级市全市一般公共预算决算表格。

4. 土地财政依赖度：指地级市全市国有土地使用权出让收入占一般公共预算收入的比重，用于反映该地区对土地财政的依赖程度以及通过土地出让获取的收入占比。数据来源：Wind 数据库、各地级市全市政府性基金预算决算表格、《中国城市统计年鉴》。

5. 人均财政支出：指地级市全市人均一般公共预算支出（对数值），用于反映地方政府人均财政支出总量。数据来源：《中国城市统计年鉴》。

6. 教育支出占比：指地级市全市一般公共预算支出中教育支出的占比，用于反映地方政府对教育的重视程度。数据来源：《中国城市统计年鉴》。

7. 医疗支出占比：指地级市全市一般公共预算支出中医疗卫生支出的占比，用于反映地方政府对医疗的重视程度。数据来源：各省份统计年鉴、各地级市全市一般公共预算决算表格。

8. 社会保障支出占比：指地级市全市一般公共预算支出中社会保障支出的占比，用于反映地方政府对社会保障支出责任的承担。数据来源：各省份统计年鉴、各地级市全市一般公共预算决算表格。

9. 科技支出占比：指地级市全市一般公共预算支出中科学技术支出的占比，用于反映地方政府对科技发展的重视程度。数据来源：《中国城市统计年鉴》。

10. 环保支出占比：指地级市全市一般公共预算支出中环境保护支出的占比，用于反映地方政府在发展绿色经济方面所做的努力。数据来源：各省份统计年鉴、各地级市全市一般公共预算决算表格。

11. 行政管理支出占比：指地级市全市一般公共预算支出中行政管理支出的占比，用于反映地方政府行政管理能力与效率的高低。数据来源：各省份统计年鉴、各地级市全市一般公共预算决算表格。

12. 显性债务率：指地级市全市一般债务余额与专项债务余额之和与GDP的比值，用于反映地方政府负有偿还责任的负债水平。数据来源：各地级市全市财政决算表格、《中国城市统计年鉴》。

13. 隐性债务率：指地级市全市地方城投公司的有息债务余额与GDP的比值，用于反映地方政府在法定政府债务限额之外直接或承诺以财政资金偿还等方式举借的债务。数据来源：Wind数据库、《中国城市统计年鉴》。

14. 广义债务率：指显性债务率与隐性债务率之和，用于反映地方政府整体的负债水平。数据来源：各地级市全市财政决算表格、Wind数据库、《中国城市统计年鉴》。

15. 普通中学师生比：指地级市普通中学专任教师数与在校学生数的比值，用于反映该城市教育资源的丰富程度。数据来源：《中国城市统计年鉴》。

16. 普通小学师生比：指地级市普通小学专任教师数与在校学生数的比值，用于反映该城市教育资源的丰富程度。数据来源：《中国城市统计年鉴》。

17. 人均图书馆藏书量：指地级市居民人均拥有的公共图书馆图书数量，用于反映该城市公共文化资源的丰富程度。数据来源：《中国城市统计年鉴》、各地级市统计年鉴。

18. 人均医生数：指地级市居民每万人拥有的执业（助理）医师数，用于反映该城市医疗资源的丰富程度。数据来源：《中国城市统计年鉴》。

19. 道路密度：指地级市居民人均实有城市道路面积的大小，用于反映城市基础设施建设情况。数据来源：《中国城市统计年鉴》、各地级市统计年鉴。

图书在版编目（CIP）数据

中国各地区财政发展指数报告. 2021/马光荣，吕
冰洋主编. --北京：中国人民大学出版社，2023.2
（中国人民大学研究报告系列）
ISBN 978-7-300-31340-5

Ⅰ. ①中… Ⅱ. ①马… ②吕… Ⅲ. ①地方财政-研
究报告-中国- 2021 Ⅳ. ①F812.7

中国国家版本馆 CIP 数据核字（2023）第 007163 号

中国人民大学研究报告系列
中国各地区财政发展指数报告 2021
主 编 马光荣 吕冰洋
Zhongguo Ge Diqu Caizheng Fazhan Zhishu Baogao 2021

出版发行	中国人民大学出版社		
社 址	北京中关村大街 31 号	**邮政编码**	100080
电 话	010 - 62511242（总编室）		010 - 62511770（质管部）
	010 - 82501766（邮购部）		010 - 62514148（门市部）
	010 - 62515195（发行公司）		010 - 62515275（盗版举报）
网 址	http://www.crup.com.cn		
经 销	新华书店		
印 刷	唐山玺诚印务有限公司		
规 格	185 mm×260 mm 16 开本	**版 次**	2023 年 2 月第 1 版
印 张	9 插页 1	**印 次**	2023 年 2 月第 1 次印刷
字 数	161 000	**定 价**	32.00 元